KB054145

하는 일은 좋지만 인간관계는 귀찮아

하는 일은 좋지만

인간관계는 귀찮아

똑 부러지게 통하는 인간관계를 위한
⊰ 46가지 심리 전략 ⊱

로미오 로드리게스 주니어 지음
조동림 옮김

MIRAE
BOOK

직장 내
인간관계에 지친
당신에게

상상해 보세요. 당신은 회사에서 유일하게 타인의 마음을 움직일 수 있는 사람, 즉 '멘탈리즘'을 사용할 줄 아는 사람입니다. 상사의 마음을 자유자재로 읽을 수 있고, 그의 행동을 컨트롤할 수도 있습니다. 선배의 '위에서 내려다보는 감시의 눈길'에서 자유로울 뿐만 아니라 마음을 움직이는 테크닉으로 선배를 당신의 지배하에 두기도 합니다. 부하직원이나 후배의 마음을 조종하여 당신을 위해 최선을 다하도록 만들 수도 있습니다.

이 정도면 당신은 경영자와 임원을 포함한 모든 윗사람으로부터 주목받는 회사의 실질적인 주인공이라 할 수 있습니다. 아니, 회사 안은 물론이고 회사 밖 어디에서든지 많은 사람으로부터 존경받고 신뢰받는 세상에 둘도 없는 탁월한 인재입니다. 당신이 멘탈리즘을 효율적으로 사용할 수 있다면, 이건 정말로 실현 가능한 상상입니다. 그러나… 이제 다시 현실로 되돌아오세요.

- 상사가 괴롭히거나 성희롱을 일삼는다.
- 불합리한 요구만 한다.
- 그냥 상사가 싫다.
- 동료와 친밀하게 지내기가 어렵다.
- 부하직원에게 바보 취급을 당하는 처지다.

직장의 다양한 인간관계에서 생겨나는 고민을 열거해보면 끝도 없이 많습니다. 이 책은 업무에는 특별한 어려움을 느끼지 않지만 직장의 인간관계가 힘들어서 마음고생하는 사람들을 위해서 썼습니다. 우선 프롤로그만이라도 처음부터 끝까지 꼼꼼히 읽어보세요. 약 3분 정도 걸릴 것입니다. 그리고 이 책이 여러분에게 도움이 될 것인지 아니면 아무 쓸모가 없을 것인지를 생각해보세요. 물론 이 책의 구입 여부를 선택하는 것은 여러분의 자유입니다.

이 책은 직장에서 상사나 선배, 동료, 부하직원 등과 원만하게 소통하지 못하여 스트레스를 받는 사람들에게 인간관계를 개선하기 위해 활용할 수 있는 여러 가지 심리 테크닉에 대해 설명하고 있습니다. 각 카테고리는 상사와의 관계, 부하직원과의 관계, 선배와의 관계, 경영진과의 관계 그리고 동료와의 관계 등으로 구분되어 있습니다. 그렇기 때문에 자신에게 맞는 대처 방법을 반드시 발견할 수 있을 것입니다. 여성에게만 특별히 적용되는 부분도 있지만, 그 이외에는 남녀 모두에게 적용되는 기술을 설명하고 있어서 성별 구분 없이 배우고 실천하면 좋습니다.

늦었지만 저에 대해 소개하겠습니다. 제 이름은 로미오 로드리게스 주니어(Romeo Rodriguez Jr.)이고, 2002년 무렵부터 프로 '멘탈리스트'로 활동하고 있습니다. 2002년 당시에는 일본에서 '멘탈리즘'이라는 단어를 정확하게 알고 있는 사람이 거의 없었습니다. 사람을 속이는 괴상한 세뇌술로 치부되거나 심지어는 기묘한 능력을 가진 사람이라며 두려움의 대상이 되기도 했습니다. 그 후에 텔레비전을 비롯한 각종 미디어에 노출되는 횟수가 늘어나면서 멘탈리즘에 대한 관심이 커졌고, 이제는 멘탈리즘 퍼포먼스를 즐기는 사람들도 많아졌습니다.

일본에서 멘탈리즘은 본래 의미와는 조금 다른 의미로 사용되고 있습니다. 여러분도 그저 '일종의 심리술'이라고 생각하고 있지는 않나요? 멘탈리즘의 진정한 의미는 약간 다른 뜻이 있습니다. 실제로 멘탈리즘은 '심리술'과 '트릭'이 조합된 일종의 '매직' 장르입니다. 100여 년 전에 시어도어 안네만(Theodore Annemann)이 사람들을 즐겁게 하기 위해 쇼 형태로 만들었습니다. 당시 멘탈리즘은 지금의 의미와는 다르게 주로 초능력이나 염력으로 다른 사람의 속마음을 읽어낸다거나 미래의 일을 예언하는 등 심리를 조종하는 것처럼 보이는 현상을 재현하는 심리 테크닉 퍼포먼스였습니다.

현재 일본에서 유행하고 있는 멘탈리즘 조류는 영국의 멘탈리스트 데런 브라운(Derren Brown)의 흐름을 이어받아서 형성된 것입니다. 그의 기법은 심리술과 최면술을 활용하고 그 배경으로 트릭을 이용합니다. 여러 미디어 매체에서 멘탈리스트가 상대방의 마음속에 생각하고 있는 것을 맞추는 프로그램을 본 적이 있을 겁니다. TV쇼에서 100% 성공하는 퍼포먼스를 보이려면 반드시 트릭이 필요합니다.

이런 이야기부터 먼저 하는 이유는 "아무리 능력 있는 심리학자라도 100% 맞힐 수는 없다"라는 것을 전제로 생각하라는 뜻입니다. 만약 심리술 책을 읽고 TV에 나오는 멘탈리스트처럼 사람의 마음을 읽고 컨트롤할 수 있다고 생각한다면 그것은 환상이라는 사실을 먼저 알려드리는 것입니다.

그렇지만 "심리술은 그저 트릭이어서 불필요한 것이다"라고 말하는 것은 절대로 아닙니다. 심리술은 많은 실험을 거쳐서 사람의 마음에 적용시킬 수 있는 심리학적 기법이라는 점은 분명한 사실입니다. 심리술이란 이른바 인간 취급설명서와 같습니다. 수치로 말해서 100%라고 딱 잘라 말할 수는 없지만 대체적으로 사람의 마음을 컨트롤할 수 있다는 의미입니다. 그리고 심리술은 스포츠와도 유사합니다. 여러 번 실천을 반복하다 보면 상대의 반응에서 '다음의 한 수'를 생각할 수 있고, 더 나아가서는 높은 차원의 테크닉도 익힐 수 있게 됩니다.

처음에는 받아들이기에 조금 당황스러울 수도 있습니다. 하지만 점차 익숙해져 가면서 자연스럽게 될 겁니다. 자연스럽게 된다는 것은 그야말로 특별히 의식하지 않아도 상대의 마음을 읽거나 컨트롤할 수 있다는 말입니다(물론 100% 그렇지는 않습니다). 그렇기 때문에 나쁜 마음으로 악용해서는 절대로 안 됩니다. 어디까지나 자기 방어를 위해 또는 나와 상대방 모두의 이익을 위해서만 사용해야 합니다.

멘탈리즘이 무엇인지 확실하게 이해했다면 이야기의 무대를 직장으로 옮겨보겠습니다. 저는 오래전부터 계속 이 문제에 대해서 생각했습니다. 회사에서 멘탈리즘을 활용하는 사람이 없는 이유는 아주 간단합니다. 앞에서 설명한 것처럼 트릭을 사용하지 않고 그저 심리술만 잘 배워도 인간관계를 충분히 컨트롤할 수 있다고 생각하기 때문입니다. 저는 쇼뿐만 아니라 사람을 만나는 대부분의 경우에서도 상대방이 무엇을 생각하고 있는지를 항상 읽어낼 수 있습니다.

"이 사람은 말과 행동이 일치하지 않네. 다른 뭔가가 있나?"

"말은 아주 훌륭하게 하고 있는데, 왜 양복 단추를 채우듯이 만들어진 이야기를 하는 것처럼 들리는 것일까?"

"말투에서 서서히 느껴지는 태도… 이 사람, 아주 귀찮고 성가신 사람이다."

이처럼 멘탈리즘을 익숙하게 활용하는 덕분에 상당히 정확하게 상대방을 파악할 수 있습니다.

• 이 사람과 비즈니스로 잘 소통할 수 있을까? 없을까?

• 이 사람을 신용하고 일을 맡겨도 좋은가? 아닌가?

• 이 사람은 거래처를 배반할 것인가? 아닌가?

이런 것을 사전에 알 수 있다면 비즈니스도 잘해낼 것이라고 생각하지 않습니까? 믿을 수 없는 사람이라고 느낀다면 비즈니스에서 천천히 배제시킬 수 있고, 신용할 수 있는 사람이라고 느낀다면 더욱 단단히 관계를 유지하면 됩니다.

이 책에서는 멘탈리즘을 즉시 적용해서 사용할 수 있도록 알기 쉽게 설명하고 있습니다. 직장에서 일어나는 인간관계에 대한 모든 고민을 해결하는 방법을 총정리하고 있습니다. 본문의 내용은 카테고리 순서에 관계 없이 그대로 읽어도 됩니다. 곳곳에 멘탈리즘의 비밀이 적절하게 숨겨져 있기 때문입니다. 그리고 이 책을 읽어나가는 동안 '어, 이 방법을 부하직원에게 한번 사용해 봐야지'라는 생각이 저절로 들 것입니다.

'상사나 사장님에게도 사용할 수 있겠네요.'

'이 방법에 따라서 애인에게 적용해 봐야겠네.'

이러한 생각이 저절로 들 것입니다. 그리고 여러 가지 시도를 해보려는 의욕은 점점 커질 것이 틀림없습니다. 그런 느낌이 올 때는 반드시 한번 시도해 보십시오. 그렇게 시도하다 보면 당신만의 새로운 멘탈리즘을 발견할 수도 있을 것입니다.

프롤로그를 여기까지 읽었다면 당신은 적어도 직장 내 인간관계로 고민하는 사람 중의 한 명이 틀림없습니다. 그리고 제일 먼저 생각할 것은 '내가 잘 버티고 있다'라는 사실입니다. 많은 사람이 인간관계에서 고민이 생길 때마다 기본적으로는 인내하고 스트레스를 안고 있으면서도 꾹 참습니다. 그러나 이제 당신은 이 책을 읽기 시작하면서 무엇이든 스스로의 힘으로 길을 찾아 참고 버티는 것에서 빠져나오기 위해 노력하고 있습니다. '멘탈리즘이라는 힘이 무언가 현실을 타개할 수도 있을지 모른다'라는 생각에 지금 책을 읽고 있는지도 모릅니다. 만약 당신이 그렇게 생각했다면 당신의 직관은 맞습니다.

저는 사람과의 인연을 매우 소중하게 생각합니다. 어떤 형태의 만남이든 저와 이러한 접점을 찾아 나가는 것이기 때문에 이것도 하나의 인연이라고 생각합니다. 이 책이 당신과 멘탈리즘 세계의 인연을 맺는 시작점이 된다면 매우 기쁘게 생각합니다. 또한 이 책이 당신이 직장에서의 '인간관계를 해결하는 입문서'가 되기를 희망합니다. 아무쪼록 신기한 멘탈리즘의 세계로 입문하길 바랍니다.

목 차

부하직원을 철저하게 다루는
지배 테크닉

[제3장]

선배보다 압도적으로
우위를 차지하기 위한 멘탈리즘

[제 4 장]
사장과 임원진의 주목을 받아 출세의 길을 자신의 것으로 만든다

마음속으로는 끔찍하게 싫지만 상사가 좋아할만한 말을 던져보자.
아마 상사도 마음속 깊은 곳에 있는 말을 모두 토해내게 될 것이다.

[제 1 장]

상사의 마음을 읽고
내 생각대로
조종한다

듣기 싫은 말만 하거나
오랜 시간 설교로 고통을 주는 상사

스케이프고트 Scapegoat

"아이는 부모를 선택할 수 없다"라는 말이 있다.

이와 마찬가지로 직장에서는 대부분의 경우 '부하직원이 상사를 선택할 수 없는 것'이 일반적이다. 일을 잘하지 못했을 경우는 물론이고 일을 잘하는 경우도 때를 불문하고 듣기 싫은 말을 끊임없이 늘어놓거나 언제 끝날지 모르는 설교를 계속적으로 해대는 상사는 어느 직장에서나 있는 것이 현실이다. 운이 나쁘게도 당신이 그런 상사 밑에서 일을 하게 되었다면, 절대로 침묵해서는 안 된다.

"나는 싹이 보이지 않는 사람에게는 이런 이야기를 절대로 해주지 않는다!"라고 자기변명까지 덧붙이는 상사도 있다. 그러나

이 말은 가장 믿을 수 없는 말이다. 듣기 싫은 말이나 긴 설교는 단지 상사의 자기만족과 스트레스 해소 발산이라고 일찌감치 알아차릴 필요가 있다.

그렇다면 이런 상사의 심리는 무엇일까? 상사가 그렇게 하는 것은 '듣기 싫은 말이나 설교를 하는 것' 이외에 상사로서의 강함을 보여줄 다른 수단이 없기 때문이다. 그리고 설교를 하면서 자기 스스로 자아도취에 빠지기 때문이기도 하다.

미국의 워싱턴대학에서 상대에게 개선할 점을 충고하고 설교하는 실험군과 반대로 충고와 설교를 듣는 실험군의 스트레스 호르몬 수치를 측정하는 실험을 진행했다. 스트레스 호르몬이란 부신피질에서 분비되는 '코르티솔(cortisol) 호르몬'이다. 코르티솔 호르몬 수치가 높아지면 이른바 우울증이나 신경증상으로 표출된다. 실험은 30조로 편성된 실험군에 대해 6시간 동안 진행한 후에 코르티솔 수치를 측정했다. 결과는 설교를 한 실험군은 76%가 스트레스 호르몬 수치가 낮아진데 반하여, 설교를 듣는 실험군은 100% 스트레스 호르몬 수치가 급격히 높아졌다.

이 실험을 통해 알 수 있는 것처럼 설교는 설교하는 사람에게 '쾌감'을 준다는 사실이 확인되었다. 물론 모든 상사가 그렇다고 말할 수 있는 것은 아니다. 또한 처음부터 그럴 의도는 아니더라도 설교하는 사이에 무의식적으로 쾌감을 느끼게 된다는 점은 틀림없는 사실이다.

그러면 그런 상사와 일을 하는 사람은 과연 어떻게 해야 좋을까? 그 해결책은 '스케이프고트(scapegoat)'이다. **스케이프고트란 '희생양, 산 제물'이라는 의미로 당신을 대신하여 상사에게 희생양을 바치는 테크닉이라는 점에서 이런 명칭으로 불린다.**

언제나 말을 길게 하는 부장님이 또다시 설교를 시작한다고 가정해보자. 그러면 아마도 당신은 머리를 숙이고 참으면서 설교가 끝나기를 기다릴 것이다. 그러나 이제부터는 설교가 끝난 후에 전혀 다른 반응을 보이는 것이다. 설교가 끝나면 분명한 목소리로 부장님에게 말한다.

"너무 감동적이어서 뭐라 드릴 말씀이 없습니다. 이런 좋은 말씀을 들을 기회가 다시 또 있으면 좋겠습니다. 다음 기회는 업무가 끝난 다음에 술자리에서라도 더 가르쳐 주시면 감사하겠습니다. 누구보다도 부장님의 충고가 듣고 싶습니다. 저는 지금보다도 훨씬 더 일을 잘하고 싶습니다."

이렇게 말하면 설교가 당연한 것처럼 여기던 부장님의 마음속에 '뭐야, 내 말이 듣기 싫은 것인가?'라는 의문이 생기는 건 아닌지 걱정하지 않아도 된다. 당신의 반응 어느 부분에서도 설교가 싫다고 말한 것이 없으며, 보다 더 많이 가르쳐 달라고 간청까지 하고 있지 않은가? 그렇다면 이런 당신에게 부장님이 어떤 생각을 갖게 될 것인지는 쉽게 짐작할 수 있다. 지금까지와는 전혀 다른 반응을 보이는 당신에게 '어, 이 사람 보게. 이제 좀 뭔가 하려나 본데 …'라고 기특하게 생각할 것이다.

　일단은 이런 상태가 되었다고 가정하고, 실제로 부장님과 술
자리에서 만날 기회를 만들면서 질문도 점점 더 구체적인 내용
으로 들어가 보자. 아마 술에 취한 부장님은 더욱더 신이 나서 자
신의 무용담을 늘어놓을 것이다. 사태가 이렇게 되더라도 일단
은 참으면서 잘 들어주겠다고 마음속으로 굳게 맹세해야 한다.

　"정말 부장님은 대단하십니다! 저도 부장님처럼 되고 싶습니다."

　"일부러 어려운 시간을 내주셔서 대단히 영광입니다. 앞으로
도 잘 가르쳐 주십시오."

　마음속으로는 끔찍하게 싫지만 그렇게 부장님이 좋아할만한
말을 던져본다. 이 정도가 되면 아마 부장님도 마음속 깊은 곳
에 있는 말을 모두 토해낼 것이다. 그러면 부장님의 마음속에
자리 잡은 당신에 대한 생각은 어떻게 변화되었을까? 그때부터
는 당신에게 설교하는 부장님의 모습은 다시 볼 수 없을 것이다.

　"하지만 그렇게까지 자신을 만족하게 해주는 부하직원에게
매일 같이 술을 마시자고 하면 또 어떻게 하나요?"

　이런 의문이 들기도 하겠지만, 사람이란 언제나 새로운 대상
으로부터 신선한 반응을 찾는 경향이 있기 때문에 크게 걱정할
필요는 없다. 그리고 이렇게 상사를 만족시켜 놓으면 자신에게
만족감을 준 당신에게 매우 좋은 인상을 갖게 될 것은 틀림없는
사실이다.

이 단계까지 이르면 이제 당신은 매우 편안해졌고, 바야흐로 희생양을 바칠 때가 온 것이니 깊이 생각하여 희생양을 찾아보자. 희생양은 같은 부서의 동료나 선배, 후배 누구라도 괜찮으니 정중하고 진지하게 부탁을 하는 것이다.

"최근에 총무과 김 대리가 좀 의기소침해 있습니다. 예전에 저의 모습을 보는 것 같습니다. 김 대리에게 뭔가 도움이 될 만한 충고를 해주시지 않겠습니까?"

이렇게 하여 무사히 새로운 희생양을 성공적으로 바쳤다면, 그때부터 상사가 당신에게 설교나 듣기 싫은 충고를 하는 일은 사라질 것이다. 당신이 그에게 새로운 공격 대상을 찾아주었기 때문이다.

은연중에 역전시키는 상하관계

시소 테크닉 *Seesaw Technique*

갑작스런 인사이동으로 지금까지 부하직원이었던 사람이 갑자기 당신의 상사가 되는 일도 간혹 발생한다.

당신도 언제든지 이른바 '초고속 승진'이라는 역전현상의 당사자가 될 수 있다. 평소 당신에게 성가시게 굴기만 하던 상사를 뛰어넘고 지금까지 당신을 '아무개 씨'라고 부르던 사람으로부터 '이 부장님'이라는 호칭을 듣는다면 기분이 어떨지 상상해보자. 이런 파격적인 인사발령을 받으려면 회사 내의 역학관계를 잘 이용해야 가능하고, 무엇보다도 경영자와의 관계가 매우 돈독해야 실현될 수 있다.

그렇기 때문에 실제로 초고속 승진을 노린다는 것은 매우 어려운 일이다. 하지만 현재 상태에서 당신과의 상하관계를 은연중에 역전시킴으로써 상사가 마치 당신의 부하직원이 된 것처럼 만드는 방법이 있다. 그것이 바로 '시소 테크닉(Seesaw Technique)' 기법이다.

이 기법을 설명하기 전에 회사에서 당신이 진정으로 바라는 것이 무엇인지를 확실히 규정해야 한다. 회사의 이익을 높이는데 기여하는 것인가? 아니면 그저 상사와 무난하게 지내는 것인가? 진지하게 생각해볼 필요가 있다. 본래 회사에서 이익을 창출하지 못하는 사람은 특별히 어떤 견제가 필요치 않다. 이런 사람들은 구조조정 대상이다. 특히 전 세계의 경제 상황은 옛날의 버블 경제 시대와는 전혀 다르다. 성과를 내지 못하면 기본적으로 사표를 내야 하는 실정이다.

이러한 내용은 이미 확실하게 알고 있었던 사항일 것이다. 그렇다면 다음으로 당신이 업무 이외의 부분에서 상사에게 어느 정도 휘둘리며 괴롭힘을 당하고 있는지를 생각해봐야 한다. 만약 당신이 상사에게 매우 휘둘리고 있다고 느낀다면, 당신은 일보다 상사에게 '가치'를 지나치게 많이 두고 있는 편이다. 그렇게 느끼는 시점부터 곧바로 당신의 상대적 가치는 떨어진다. 이것이 이른바 '시소'와 마찬가지 원리인데, 상사가 위라면 당신은 반드시 아래로 내려가게 마련이다.

"그렇지만 업무는 부서 단위로 이루어지고 있으며, 상사는 부서의 결정권을 쥐고 있는 사람이기 때문에 가치를 두는 것은 매우 중요한 일입니다.”

그것은 틀림없는 사실이다. 그렇지만 상사의 결정권이란 은연중에 당신의 결정권으로 자연스럽게 바꿀 수도 있다. 그것을 가능케 하는 요인으로는 상사에게 두었던 가치를 자신에게 옮기는 것이 선행되어야 한다.

그보다 먼저 확실하게 해두고 싶은 것은 상사에게 강하게 나가면 상사는 기본적으로 위축되기 마련이고, 약하게 나가면 상사가 그 상황에 적당히 응대하게 된다는 사실이다. 상사도 사람이기 때문에 부하직원이라 해도 강하다고 느끼는 사람에게는 공포심을 느끼거나 불안감을 가지게 된다. 그런 느낌을 지우기 위해서 상사는 의식적으로든 무의식적으로든 반드시 당신에 대해 ‘인간의 인내심’을 테스트한다.

“이 대리, 그 안건에 대한 자료는 아직 준비가 다 안 된 거죠?”

“이 대리, 그 거래처 담당자와 가격협상은 어떻게 되었나요?”

“이 대리, 이 일은 어떻게 진행되고 있는 거죠?”

이런 식으로 여러 가지 사실을 폭풍처럼 체크해 나가는 것은 틈이 보이면 바로 트집을 잡기 위한 일종의 수단이다. 물론 업무 확인 차원에서 하는 체크는 맞지만, 한편으로는 당신의 반응을 살펴보자는 의도가 있다. 즉 ‘사안에 대한 반응’이 어떤지를 살펴보려고 하는 행동이다.

만약 상사의 질문에 대해서 자신 없이 주뼛주뼛하거나 반대로 분노를 표출하는 것은 상사에게 '가치'를 두고 있음을 노출하는 행동이다. 그러면 상사는 '이 사람은 감정을 동요시키면 조종할 수 있겠구나'라고 판단한다.

이렇게 동요하지 않고 시소게임에서 승리하려면, 먼저 다음 3가지에 대해서 결심해야 한다.

1. 상사가 뭐라고 말해도 크게 동요하지 않는다.

2. 상사에게 시험당하지 않을 상황을 스스로 만들어낸다.

3. 상사의 요구에 분노하지 않는다.

상사에게 무슨 말을 들어도 태연한 얼굴을 하는 것이 좋다. 마치 반성하는 것처럼 보이는 표정이나 절망한 표정을 짓는 것은 상사에게 당신을 마음대로 조종해도 괜찮다는 메시지를 주는 것과 다름없다. 상사의 요구에 대해서는 불평불만을 말하지 않고 태연한 상태에서 신속하게 해내는 것이 무엇보다 중요하다. 대부분의 사람은 '상사에게 인정을 받자'라고 생각하지만, 여기서는 '상사를 뛰어넘는 것'이 목적이기 때문에 상사에게 인정받을 필요가 없다. 그저 담담하게 업무에 임하면 된다.

시소 테크닉으로 중요한 것 중의 하나가 '시뮬레이션 전략'이다. 시뮬레이션 전략이란 상사에게 시험당하지 않는 상황을 만 생각  생각

생각　　　생각해보면

　　　　　　　뭐든 알 수 있지요~

드는 것을 말한다. 시험당하지 않는 상황을 만들어내기 위해서는 상사가 무슨 생각을 하고 있으며, 다음에는 어떻게 움직일 것인가를 알고 있는 것이 좋다.

2017년에 미국의 시카고대학에서 다음과 같은 실험을 진행했다. 먼저 12명의 실험 참여자에게 '분노', '기쁨', '공포'라는 단어를 말해주고, 이어서 이런 감정을 불러일으키는 동영상을 보여주면서 그 모습을 촬영했다. 그런 다음 다른 참여자 50명을 두 그룹으로 나누어서 동영상을 보는 12명의 모습을 촬영한 것을 보여주었다. 첫 번째 그룹에는 12명의 표정과 몸의 움직임을 보여주면서 '이들이 어떤 감정을 갖고 있는지?'를 관찰하도록 했고, 두 번째 그룹에는 '내가 이 사람이라면 어떻게 느꼈을 것 같은가?'를 상상하면서 12명의 감정을 추측해보도록 했다.

그 결과 12명의 감정과 일치하는 정도가 두 번째 그룹에서 압도적으로 큰 것으로 나타났다. 표정이나 동작을 읽는 것보다 '나라면 어떻게 할까?'라고 생각하는 것, 이른바 마음속으로 시뮬레이션을 돌려보는 편이 상대의 마음을 읽는 확실한 방법이라는 것을 알 수 있는 실험이었다. 다시 말해 상사에게 시험당하는 상황을 만들고 싶지 않다면 '나라면 저 자리에서 어떻게 생각할까?'라고 시시때때로 의식하고 행동하는 것이 좋다는 뜻이다.

그 결과는 어떤 일이 벌어질까? 당신은 매우 단순하게 상사와 같은 결론이 도출됨을 알 수 있을 것이다. 상사의 의사결정 방향을 바로 손으로 잡듯이 알 수 있게 되는 것도 경험할 수 있다. 그러면 상사의 마음에 호의가 생기게 된다. '이 직원에게 일을 맡기면 틀림없어'라고 안심하는 것이다. 상사는 점차 당신에게 이렇게 묻고 의견을 경청하게 된다.

"이 대리, 자네는 이 문제에 대해 어떻게 생각해?"

이 상황은 상사가 당신에게 '가치'를 두기 시작했다는 뜻이기 때문에 시소게임에서의 승리자는 바로 당신이다. 가치를 둔 쪽이 상위인데, 당신에게로 가치가 옮겨 온 것이다.

현실적으로 초고속 승진은 어렵지만 무의식의 영역에서는 은연중에 실현하는 것이 가능하기 때문에 꼭 시도해 보기를 권한다.

상사를 간단하게 꺾어 버리는 기법
재부정 화법

"어때? 오늘밤 우리 한 잔 하러 가야지?"

상사가 이렇게 한마디 한다면 실망스럽게도 기껏 퇴근 후에야 편안하게 쉴 수 있는 밤 시간이 한순간에 물거품이 되어 버린다. 진짜로 선약이 있는 경우라면 모르지만, 거짓말로 참석하지 않는 것을 몇 번 거듭하다 보면 멀지 않아 들통나게 마련이다. 별다른 뾰족한 방법이 없으니 그냥 따라가는 것이지 정말로 좋아서 따라가는 것이 아니다.

물론 저녁 식사비용을 절약할 수 있다는 생각에 즐겁게 따라나서는 사람도 있을 것이다. 그런 사람이 있다 해도 시간이 지날수록 즐겁게 받아들이는 사람이 점점 줄어드는 것이 사실이다. 그 원인 중에 하나는 '상사의 자기자랑', '과거의 영광을 끝없이 되풀이 하는 것'이 듣기 싫어서다.

"요즘 자네들이 하는 정도는 아무것도 아냐. 자네들은 더욱 분발해야 해. 우리 시대에는 훨씬 더 상사에게 강하게 훈련받았거든."

"그해 영업실적에서는 내가 탑이었잖아. 내가 회장상까지 거머쥐었거든. 그런 실적을 낸 사람은 오로지 나 혼자뿐이야. 내 말을 잘 들으면 자네들도 회장님의 표창을 받을 수 있어."

이런 장면은 여러 술자리에서 쉽게 찾아볼 수 있는데, 일방적으로 듣고 있는 부하들의 모습을 밖에서 보면 정말 불쌍하기 짝이 없다. 이런 자랑을 늘어놓는 상사는 기분이 좋겠지만, 당신은 스트레스를 받기 때문에 무언가 해결책을 찾기 위해 노력해야 한다. 그렇다면 먼저 '왜 상사가 자기 자랑을 늘어놓는가?' 하는 심리상태를 알아두는 것이 필요하다.

자랑을 늘어놓는 상사의 심리를 심리용어로 '마운틴'이라고 한다. 마운틴이 작용하는 심리배경으로는 상대보다 자신이 우월한 위치에 있다는 것을 드러내는 것이고, 우월감에 빠져 있거나 스스로의 자존감을 높이려는 경우에 사용한다. 대부분의 상사는 '다른 사람에게 나는 어떤 모습으로 비춰질까?'라는 의식이 무의식에 깔려 있다. 마운틴 유형은 3가지로 분류되는데, 각각 차이가 있지만 '인정받고 싶다'라는 의식의 표현이라는 사실은 모든 유형에서 공통으로 해당된다.

1. 스트레이트로 자기 자랑을 늘어놓는 유형

2. 위에서 내려보는 시선으로 자기 자랑을 하는 유형

3. 자신을 낮춰 보이는 듯하면서 은근히 자랑하는 유형

처음 2가지 유형은 말 그대로 자기 자랑을 하는 유형으로 더 이상 특별한 설명이 필요 없다. 마지막 유형의 특징은 "아니에요, 아니에요. 이미 그 정도로도 아주 대단해요"라는 말을 유도해내려는 표현으로 이해하면 된다. 당신의 상사도 틀림없이 이 3가지 유형 중 하나에 해당될 것이다.

이런 유형의 배경에 작용하는 일정한 법칙이 발견된다. 자기 자랑을 늘어놓는 상사의 본심에는 '사실은 자신이 없어'라는 뜻이 담겨 있는 것이다. 자기 자랑을 함으로써 인정받고 싶은 것으로, 뒤집어 말하자면 '스스로는 자신을 인정할 수 없다'라는 뜻이다.

이 점에 매우 중요한 포인트가 숨겨져 있다. 바로 '스스로 자신을 인정할 수 없는' 상태를 반대로 이용하면 좋은 효과가 있다. 다시 말해서 '나는 당신보다 훨씬 자신감이 있어요'라는 태도로 자신감을 표현하는 것이다. 그렇게 함으로써 무의식적으로 상사와 동등한 입장을 유지하거나 오히려 역전시킬 수도 있다.

상사도 역시 똑같은 사람이다. 회사의 지위로 자신의 지위를 유지할 수 있다 해도 '그냥 인간'이라는 것은 변하지 않는 사실이다. 그렇기 때문에 심리적으로 상위의 위치를 점하는 것이 가능하다면 상사를 손아귀에 넣는 것은 지극히 간단하다. 그러면 어떤 방법을 사용하면 좋을까? 여기서 '재부정 화법'이라는 테크닉이 필요하다.

예를 들어서 같이 술을 마시는 자리에서 상사가 언제나처럼 자기 자랑을 늘어놓기 시작한다고 가정해보자.

"그해에 내가 그 지역에서 1위를 한 거야. 그게 얼마나 대단한지 알지? 입사 겨우 1년 차였거든. 선배나 상사들도 모두 깜짝 놀라서 정신을 못 차릴 정도였다니까."

"정말요? 1년 차에 그렇게 엄청난 업적을 냈단 말입니까? 대단하네요. 전국 1위를 거둔 적도 있나요?"

"아니, 전국은 아니지. 우리 구역에서만 1등을 했다는 말이야. 아마 그것도 시간의 문제여서 그저 내가 조금 빠른 정도라고 생각하지만…"

이 정도 반응이면 우리가 원하는 상황이라고 보면 되지 않을까? 상사의 자랑이 순식간에 별로 자랑거리가 아닌 것으로 변해버렸다. 상사가 자기 자랑을 하는 진심은 '스스로는 자신이 없지만, 당신만은 자기를 인정해 달라'는 무언의 압력이다. 그러나 압력이 통하지 않는다는 것을 알게 되면 자존심이 무너지면서 무의식적으로 '자기가 상위를 차지할 수 없다'라는 의식이 작동한다.

만약 누가 봐도 인정할 정도로 상당한 업적을 쌓은 상사라면 이렇게 말하면 된다.

"오~ 정말 대단하네요. 미국의 스티브라는 사람은 그것보다 10배 정도의 세일즈에 성공했다는 말을 들은 적이 있는데, 부장님이라면 그 정도도 문제없이 할 수 있겠네요."

더 높은 수치를 제시하고 확인시켜주면 동일한 효과를 낼 수 있기에 꼭 시도해 보기를 바란다. 여기서 가장 중요한 점은 '그렇게 자랑하지만 별 자랑거리는 못 된다'라고 의식하도록 만드는 것이다. 그렇게 하면 당신에게 자랑하는 것이 줄어들고, 스스로 우수하다고 으스대는 생각도 없어진다.

단 하나 주의할 사항은 상사에게 나쁜 감정은 전혀 없다는 것을 명확하게 표현해야 한다. 그런 표현 없이 섣부르게 위와 같이 말한다면 상사로부터 미움만 받는 곤란한 상황이 발생할 수 있으므로 주의를 기울여야 한다.

No.04

싫어해도 괜찮아!

인지 부조화 *Cognitive Dissonance* 의 응용

직장에서 상사에게 미움받는 존재가 된다면 정말 큰일이 아닐 수 없다.

아무리 일을 잘하는 사람이라도 상사로부터 미움받는 존재는 중요한 일자리에 배정받지 못하거나 최악의 경우에는 근무하기 어려운 다른 부서로 발령받을 수도 있다. 아니면 직장 생활에 매우 불리한 소문이 나돌아서 시달릴 수도 있다.

그럼에도 미움을 받게 된다면 어떻게 해야 할까? 지금부터 '인지 부조화(Cognitive Dissonance)'를 응용해서 사용하는 방법에 대해 알아보자. 인지 부조화란 내부 심리에 모순된 인지를 동시에 가지고 있는 상태 또는 그럴 때 갖게 되는 마음속의 불쾌감을 의미하는 사회심리학 용어이다. 미국의 심리학자 레온 페스팅거(Leon Festinger)가 주장한 이론으로 '사람은 이 불쾌함을 해소하기 위하여 자신의 태도나 행동을 변경함으로써 합리화시킨다'라고 한다.

이솝 우화 〈여우와 신포도〉를 예로 들어보자. 여우가 포도나무에 맛있게 열려있는 포도를 발견하고 포도를 따 먹기 위해 있는 힘을 다해 높이 뛰어오른다. 여우는 기듭해서 뛰어 보지만 포도가 너무 높은 곳에 달려 있어 포도에 닿을 수가 없다. 여우는 화가 나고 안타깝기도 했지만 결국 스스로 결론 내리기를 "어차피 저 포도는 너무 시어서 맛도 없고 먹을 수가 없어"라며 포기해 버린다. 먹을 수 없는 것이기 때문에 먹지 않아도 괜찮다고 스스로 정당화시켜 버린 것이다.

심리학자 프로이트(Sigmund Freud)는 이렇게 자기 자신이나 자기의 행동을 스스로 정당화하는 행동을 '방어기제(defense mechanism)'라는 개념으로 정의한다. 예를 들어서 정말로 갖고 싶은 자동차가 있지만 경제적 부담 때문에 살 수 없게 되는 경우에 "자동차는 어차피 다 고철 덩어리야, 달리는 것은 똑같으니까 경차도 괜찮아"라고 자신의 행동을 합리화한다. 어쩔 수 없이 포기하지만 스스로 합리화함으로써 자신의 행동을 정당화하고 경제적 약점도 감추려는 것이다. 이솝 우화에서 여우의 경우도 아무리 뛰어봐도 포도를 딸 수 없는 자신의 약점을 직시하지도 인정하지도 않으려는 속임수이다.

인간은 아픔에 약한 존재이다. 그렇기 때문에 마음속의 고통을 피하려고 여러 가지 이유를 들어서 자신의 행동을 정당화시키는 핑계를 찾아낸다. 여기에 상사의 심리상황을 접목해 보면 상사가 왜 당신을 싫어하는지 몇 가지 생각나는 것이 있을 것이다.

- **당신이 상사의 위치를 위협하는 존재이다.**
- **당신은 상사가 싫어하는 타입이다.**
- **당신은 사사건건 상사의 의견과 다른 의견을 낸다.**

이런 원인이 상사의 마음속에 있지만 상사는 이런 자기 생각을 정당화하는 행동으로 '싫다'는 태도를 표현하는 것이다.

그렇다면 이런 경우에 어떻게 대처해나가는 것이 좋을까? 결론부터 간단히 말하면 인지적 부조화를 해소하면 된다. 먼저 상사가 마음속에서 '무엇인가를 정당화하고 있는가?'를 잘 찾아내야 한다. 당신과 관련하여 당신을 위험한 존재라고 느끼고 있는지, 아니면 당신의 다른 어떤 부분을 싫어해서 그런지를 찾아낼 필요가 있다. 이것은 상사의 태도만 잘 관찰하면 쉽게 찾아낼 수 있다.

만약 특별히 '이것이다'라고 말할 수 있는 접점이 떠오르지 않음에도 불구하고 처음부터 싫어했다면 그냥 생리적으로 싫어하는 것이다. 그런 경우라면 점차로 신뢰를 쌓아가는 것이 문제를 해결하는 열쇠이다. 생리적으로 싫어하는 심리는 상대에 대해 잘 모르는 상태에서 일어나는 경우가 대부분이기 때문이다. 믿음을 쌓아감으로써 관계성을 만들어가고 나에 대해서 잘 알도록 이야기해준다면 상대방의 무조건적인 '생리적인 거부' 감정은 충분히 해소시킬 수 있다.

한편 상사에게 반대 의견을 표현하는 상황이라면 반대 의견을 즉시 중지할 것을 권한다. 물론 업무를 하다 보면 반대 의견을 말하는 경우가 종종 있다. 그러나 이런 유형의 상사는 반대 의견이 생기는 원인에 대해서는 생각하지 않는다. 그저 반대하는 '말'이나 '태도'를 반발이라고 문제 삼을 뿐이다. 이렇게 반대하는 경우에는 고압적인 시선으로 상사를 쳐다보거나, 심지어는 상사를 바보로 취급하는 태도를 취하는 경우가 많다. 따라서 반대 의견을 말할 때에는 상사를 인간으로서 존경하고 있다는 '포즈'를 취할 필요가 있다.

상사와 잘 지내기 위해서는 상사가 당신을 싫어하는 원인을 찾아 상사의 '인지 부조화'를 제거해줌으로써 관계는 개선될 것이다.

No.05

무리한 요구를 하는 상사에게는

주장적 반응

"이 자료, 오늘 안에 정리해서 주세요."

퇴근이 임박한 시간에 이렇게 무리한 요구를 하는 상사가 있다고 하자. 만약 그렇다면 그냥 침묵하고 말을 들어줘서는 안된다.

"아, 저는 오늘 야근을 할 수가 없습니다."

이렇게 말할 수 있는 강심장이 아니라면 그때마다 허둥지둥 그 일을 끝내기 위해 노력하면서 엄청난 스트레스에 시달리고, 동료와 근처 주점에서 '상사 뒷담화 대회'를 벌이는 것은 쉽게 상상할 수 있는 상황이다. 그나마 친절하게 부탁하는 상사라면 조금 낫지만, 당신의 사생활은 아무 상관없다는 투로 내던지는 상사라면 "정말로 불쌍하네요…"라는 말밖에 위로할 다른 방법이 떠오르지 않는다. 반항을 하면 승진이 위험하고, 그저 복종하고 있으면 개인 시간을 전혀 확보하지 못하는 상황이기 때문이다.

이런 상사에 대해서는 어떤 방법으로 대처해나가면 좋을까? 대답은 간단하게도 스스로 '주장적 반응'을 익히는 것이다. 주장적 반응이란 상대방의 부탁을 좋은 인상을 남기며 거절하는 방법을 의미한다. 다른 사람의 부탁에 대응하는 패턴을 보면 대부분 다음의 4가지 중의 하나에 해당한다.

1. **비주장적 반응 :** 부탁을 거절하지 못하고 매번 '예스'라고 대답한다.
2. **직접적 공격 반응 :** 분노하거나 반대하는 말로 표현하여 거절한다.
3. **주장적 반응 :** 정중한 말로 예의바르게 거절한다.
4. **간접적 공격 반응 :** 말로 하지 않고 탐탁지 않은 듯한 태도를 표출한다.

다른 사람의 부탁을 대하는 패턴 중에서 상대에게 가장 좋은 인상을 남기는 것은 3번이라는 사실을 쉽게 알 수 있다. 그런데 실제로는 이 정정당당한 방법을 사용하는 사람은 전체의 약 21.6%밖에 되지 않는 것이 현실이다. 5명 중의 1명만이 올바른 거절 방법을 사용한다. 그렇다면 결국 4명은 부탁을 받아들이든지 거절하든지 간에 많은 스트레스를 받는다. 이런 현실을 본다면 술집에 가서 상사 성토대회를 벌이는 것이 어쩌면 당연한 결과일지도 모른다.

주장적 반응을 활용할 때에는 '사죄, 이유, 대안'이라는 3가지 포인트를 확실하게 표현해야 한다. 적절한 거절 방법의 예를 들어보자.

"미안합니다.(사죄) 이 자료를 오늘 중으로 정리하는 것은 아무래도 어렵습니다. 내일 회의에 사용할 자료 작성을 오늘 중으로 끝내야 하기 때문에 좀 늦어질 것 같습니다.(이유) 자료 정리는 이 대리가 빨리 처리하는데 한번 물어보는 것이 어떻겠습니까?(대안)"

이렇게 포인트를 짚어서 이야기하면 큰 무리 없이 부탁을 거절할 수 있다. 이 방법은 상사의 무리한 요구뿐만 아니라 갑자기 술자리에 함께 가자고 권유하는 상사에 대해서도 적용할 수 있다.

"미안합니다.(사죄) 오늘은 선약이 있어서 어렵습니다.(이유) Y씨에게 한번 부탁해보면 어떨까요(대안)?"

"미안합니다.(사죄) 오늘은 컨디션이 좋지 않아서 도저히 할 수가 없습니다.(이유) 나중에 컨디션이 좋을 때 함께하겠습니다.(대안)"

이런 식으로 상황에 따라 적절하게 말하는 것이 최선의 방법이

그거 할 시간에 일 다 끝냈겠다…

부장님…

죄송하지만…

말씀은 알겠지만…

다. 여기서 한 가지 명확히 인식해야 할 것이 있다. 상사가 이렇게 무리하고 어려운 부탁을 하는 대부분의 경우에는 당신에게도 책임이 있다는 점을 알아야 한다. 무리하게 어려운 부탁을 한다는 것은 상사의 마음속에 '이 사람에게 부탁하면 거절하지 않아'라는 고정관념이 자리 잡고 있기 때문이다. 그렇기 때문에 평소에도 이 점을 잘 인식하고 행동해야 한다.

자신의 주장을 명확하게 밝히는 훈련을 거듭하여 일상생활에서 지속적으로 사용하기를 권한다. 자기주장(assertion)이란 상대방의 감정을 상하게 하지 않으면서 자신의 심리상태나 생각을 분명하게 전달하는 자기표현 기술이다. '내 의견을 확실히 관철시키는 기술을 터득하고 싶다'라고 간절히 바라는 사람이라면 반드시 자기주장 훈련을 반복하여 몸에 익혀야 한다.

성희롱을 일삼는 상사를
효과적으로 상대하는

포지티브 스피커 *Positive Speaker*

"남자 친구하고 얼마나 자주 만나는 거야?"

이런 질문을 계속해서 던지는 상사는 일상적 인사를 하는 것이 아니다. 평범한 질문 같지만 이미 성희롱을 가하고 있다고 보아도 틀림이 없다.

직장에서 상사라는 지위를 이용하여 같이 술을 마시자고 유혹하는 경우가 적지 않다. 통계에 따르면 여성 4명 중의 1명이 이런 성희롱을 경험했다고 한다. 이런 경험을 한 여성 중의 61.6%는 특별히 대처할 방법을 찾지 못하고 '울다가 잠이 들거나', '불만조차 단념하는' 포기 상태에 빠지고 만다. 특히 나이가 어릴수록 자포자기에 빠지는 경향이 더 크다.

아무 거리낌 없이 직장 내 성희롱을 반복적으로 저지르는 직장 상사가 여전히 남아 있고, 직장 내 성희롱의 피해 여성이 인사부에 상담했지만 오히려 피해를 당했다는 사례가 아직도 상당하다. 여성들이 강하게 반발함에도 불구하고 직장에서 상사의 성희롱이 근절되지 않는 것은 무엇 때문일까? 그 이유를 알기 위해서는 성희롱을 자행하는 상사가 그렇지 않은 상사와 어떻게 다른지를 알 필요가 있다.

1987년에 미국 일리노이주립대학의 심리학자 존 프라이어 교수가 남성의 성적 욕구와 습성을 측정하여 '직장 내 성희롱 가능성'이라는 제목의 논문을 발표했다. 프라이어 교수는 구체적인 상황이 담긴 시나리오 10개를 만들어서 남성들에게 보여주면서 어떤 장면이나 상황에서 그들이 성적 욕망을 표출하는지를 측정했다.

시나리오 중에 하나를 예로 들어보자. 당신은 회사의 사장이고, 당신의 비서가 되기를 희망하는 여성이 있다. 여성은 입사하기를 간절히 원하고 있고, 당신에게 간절한 눈빛을 보내고 있다. 이런 상황에서 당신은 그녀를 고용할 것인가? 아니면 식사나 차를 마시는 자리를 갖자고 유혹할 것인가?

그 외에도 여러 가지 상황을 반복하여 제시하면서 남성이 어떤 행동을 선택하는지를 조사 및 분석했다. 연구데이터를 분석한 결과, 성적 욕망을 표현하는 경향이 높은 남성은 다음과 같은 특징을 표출한다는 사실을 알아냈다.

- **공감능력이 결여되어 있다.**
- **독점적이고 다른 사람에 대해 우월감을 누리려는 욕구가 강하다.**
- **남존여비의 고정관념에 빠져 있다.**

이런 특징을 지닌 사람은 특정한 상황에서 반드시 폭력적인 성적 욕구를 행동으로 나타낸다는 결과를 얻었다. 이들은 여성에게 성적 욕구를 표출해도 쉽게 빠져나갈 수 있다고 판단되는 상황이 펼쳐지면 예외 없이 성추행 범죄를 저지른다.

필자가 지금까지 스스로 관계를 단절해 버린 사람들은 모두 그런 부류의 인간들이다. 남성도 혐오하는 그들의 성희롱 대상이 된 여성들은 절대로 참을 수 없을 것이다.

그렇다면 직장에서 이렇게 성희롱하는 상사를 어떻게 상대해야 효과적일까? 그 방법으로는 '포지티브 스피커(positive speaker)' 테크닉이 효과적이다. 포지티브 스피커는 성적 욕망을 강하게 표현하는 경향을 지닌 남자들의 세 가지 특징을 거꾸로 이용하는 테크닉이다. 포지티브란 '긍정'이라는 뜻이고, 스피커는 '소리를 크게 만드는 기계'를 의미한다.

실제로 성적 욕구를 강하게 표출하는 사람은 성적인 욕망뿐만 아니라 권력 욕망도 가지고 있다. 이 두 욕망은 마치 자동차

양쪽 바퀴와 같아서 어느 한쪽이라도 없으면 자동차가 제대로 굴러가지 못하는 것과 똑같은 이치가 적용된다. 즉 성희롱을 일삼는 상사의 성적 욕망을 꺾어 버리려면 욕망의 한쪽을 떼어버리면 된다.

그런데 성적 욕구는 개인의 본능과 관계가 있기 때문에 떼어버리기가 쉽지 않다. 따라서 상사의 권력 욕구를 제거하여 자신의 권력이 사라질지도 모른다는 위기감을 줌으로써 성적 욕망까지 꺾어 버리는 것이다. 예를 들어 시도 때도 없이 같이 술을 마시자고 유혹하는 상사가 있다고 생각해보자. 그가 오늘도 당신을 유혹한다.

"A씨 오늘밤 술 한잔 할래요? 내일이 휴일이니까, 여유도 있어서 좋은데…."

그러면 즉시 포지티브 스피커를 활용할 기회가 온 것이다.

"음…, 생각해보구요."

이렇게 말하면서 천천히 그 자리를 벗어난다. 그리고 약 15미터 정도 멀어지면 사무실에 있는 다른 사람에게 들릴 정도로 큰 목소리로 이렇게 말한다.

"부장님, 식사를 함께하자고요? 좋아요. 하지만 오늘은 컨디션이 좋지 않으니까 다음에 사주세요."

성희롱까지 생각했던 상사는 아마도 이 말을 듣고 얼굴이 사색이 될 것이다. 큰 소리로 말할 수 없는 경우나 상사가 너무 가까이 있더라도 신경 쓸 필요가 없다. 무슨 말인지 주변에서 알아들을 수 있을 정도로만 말해도 된다. 주위에 있는 사람이 그 말을 들었는지가 중요하기 때문이다. 상사로서는 그렇지 않아도 뒤가 켕기는 짓을 하려고 했는데, 그것이 공연하게 알려졌다는 생각이 들 수 있다. 만약 주위에 상사보다 윗사람이 있었다면 최고의 효과가 발휘되는 상황이다.

이런 상황이 만들어지면 성희롱을 생각하던 상사가 진짜 곤란해질까? 이 상황으로 상사는 자신의 권력을 잃을지도 모른다는 공포감에 빠지기 때문에 당연히 효과가 있다. 공개된 장소에서 여사원을 유혹했다는 사실이 직장의 모든 사람에게 알려진다면 심각한 수치심이 생긴다. 수치심은 권력을 한순간에 날려버릴 것이고, 권력을 탐하는 자가 가장 피하고 싶은 감정이기 때문이다.

자신이 가진 권력을 잃을지도 모르는데 성희롱을 일삼는 인간은 대체로 없다. 만약 당신이 더 큰 용기를 낼 수 있다면 큰 목소리로 이렇게 말해보는 것도 좋다.

"부장님, 식사를 함께하자고 하시니 감사합니다. 하지만 술을 더 마시자고는 하지 말아 주세요."

이렇게 한 번 용기를 낸다면 두 번 다시 그 누구라도 당신에게 성희롱하려는 생각조차 할 수 없을 것이다. 만약 자신이 직접 말하는 것이 어렵다면, 주위에 용기 있는 동료에게 대신 말해달라고 부탁해도 좋다. 공공연하게 알려지기만 하면 되는 일이기 때문이다.

직장 내 괴롭힘을 일삼는
상사에게 효과 있는

유도영역

직장에서 상사의 괴롭힘, 즉 '파워 하라(Power Harassment)'가 최근 커다란 사회적 문제로 부각되고 있다.

직장 내 괴롭힘이 옛날에는 '지극히 당연한' 일로 치부되었지만, 지금 사회에서는 정말로 괴롭기 그지없는 일이다.

직장 내 괴롭힘이 일어나는 이유를 알아보기 위해서는 우선 직장에서 괴롭힘을 일삼는 상사들은 어떤 심리를 가졌는지를 알아야 한다. 이른바 직장 내 괴롭힘을 가하는 상사들에게서 발견할 수 있는 공통된 '마음의 문제'가 있다. 이 마음의 문제는 아래 사람을 괴롭히고 공격하는 심리상태로서, 이런 사람들에게는 다음의 3가지가 공통으로 발견된다.

1. 기가 죽어서 자신이 없다.

2. 자신에게 리더십이 없다고 느낀다.

3. 고압적으로 강제하지 않으면 다른 사람을 움직일 수 없다고 생각한다.

동의하지 못하는 사람도 있겠지만 이것은 틀림없는 사실이다. 그렇지 않다고 강하게 부정하는 사람이라면, 상사의 위세에 억눌려서 옴짝달싹하지 못하는 상태에 빠져 있을 가능성이 크다. 그는 이미 상사의 권위에 눌린 '권력형 노예'가 됐다는 말이다.

동물의 행동 양식을 떠올려보자. 동물이 다른 대상에게 이빨을 드러내면서 위협하는 것은 어떤 경우일까? 그건 바로 상대에게 공포를 느끼거나 상대가 자신의 영역을 침범한다고 생각할 때 나타나는 반응이다. 동물들이 아무 이유 없이 싸우는 경우는 많지 않다. 다큐멘터리 프로그램에서 아프리카 사바나의 사나운 맹수들이 상대를 태연하게 바라보는 모습을 본 적이 있을 것이다. 상대에게서 위협을 느끼지 않는다는 의미이다.

우리 사람들도 역시 동물과 다르지 않다. 다시 말해 직장 내 괴롭힘을 가하는 상사가 있다면 그는 당신에게 공포심을 느끼거나 자신의 존재를 위협하는 무언가를 느끼기 때문이다. 그럴 만한 이유가 전혀 없음에도 그렇다고 생각된다면 그저 단순히 '당신이 마음에 들지 않는다'라거나 '이유 없이 그냥 싫다'라는 감정일 수도 있다.

이런 심리에서 당신에게 공격을 가함으로써 자신이 우월한 위치에 있다는 것을 확인하려는 것이다. 그렇다면 그가 차지하고 있는 우월한 지위를 제거해 버린다면 직장 내 괴롭힘도 함께 없어질 수 있지 않을까?

"사실이 그렇다 해도 현실에서 실제 적용하는 것은 어렵기 때문에 무의미한 이론이다."

이렇게 단념해버리는 것은 성급한 판단이다. 이런 상황에서 적절하게 사용할 수 있는 테크닉이 바로 '유도영역'이다.

킬 슈만이라는 심리학자가 있다. 색채와 관련된 일을 하는 사람이라면 들어본 적이 있을 것이다. 그가 제창한 색의 대비 법칙을 '킬 슈만의 법칙'이라고 한다. 어떤 색이 인접한 이웃 색에 영향을 미치게 되면서 같은 색이라도 다르게 바뀌어 보인다는 내용이다. 이를테면 같은 노란색이라도 검은 배경에 놓여 있을 때와 흰색 배경에 놓여 있을 때를 비교해 보면 흰색 배경에 놓여 있을 때가 더욱 더 선명하게 보인다.

대비 효과를 설명할 때 '어떤 색(노란색)'을 '검사영역'이라고 부르고, 영향을 주는 '인접한 색(흰색, 검은색)'을 '유도영역'이라고 한다. 색채 대비에서의 유도영역은 직장 내 괴롭힘에 어떻게 적용될 수 있을까?

직장에서 당신이 상사인데 마음에 들지 않은 부하직원이 있다고 하자. 당신은 부하직원에게 직장 내 괴롭힘을 가하고 있다. 어느 날 '좋은 감정으로 좀 괴롭혀 볼까?'라고 생각하면서 부하직원에게 다가갔는데, 그가 사장님과 사이좋게 이야기하고 있는 것이 아닌가. 더구나 이쪽을 보면서 가볍게 인사까지 던진다. 이런 상황이면 당신은 무슨 생각을 할 것인가?

'아니…, 저 친구가 사장님과 가까운 사이였나?'

이런 생각이 들지 않을까? 이어서 당신이 괴롭히는 것을 사장님이 알게 될지도 모른다는 공포심을 느끼게 된다. 자신의 높은 지위를 이용하여 직장 내 괴롭힘을 저질렀던 상사라면 당연히 그런 공포감을 느끼게 될 것이다. **이것이 '유도영역'이 이루어지는 기본 원리이다.** 지금까지 자기보다 아래에 있다고 생각했던 사람인데, 그 배후에는 사장님이 존재한다는 생각이 드는 즉시 '내가 함부로 대하면 안 될 사람'으로 인식한다.

그렇다고 사장님과 사이가 좋아질 방법이 없다고 걱정하거나 노력할 필요는 없다. 직장에서 괴롭히는 상사가 못되게 굴려고 다가올 때, 사장님이나 임원 중 누군가를 발견한다면 그냥 다가가서 가볍게 이야기를 건네면 된다.

"사장님, 안녕하세요. 골프가 취미시라고 들었습니다. 사실은 골프에 관심이 많아서 이번에 ○○브랜드 골프채를 구입했습니다. 그 골프채는 타격감이 어떤가요?"

이렇게 업무와 무관한 가벼운 질문을 던지는 것만으로도 충분하다. 사장님이 관심 있는 주제라며 환하게 웃는 얼굴로 대답해 주면 '매우 가까운 사이처럼' 보일 것이다.

"아~ 자네도 골프를 하고 있군. 그 ○○브랜드 골프채는 말이야…."

사전 작업으로 사장님이나 임원의 취미, 흥미를 미리 조사해 둘 필요가 있다. 단지 그런 정도의 노력만으로도 유도영역이 성립되고, 직장 내 괴롭힘으로부터 벗어날 수 있으니 대단한 테크닉임이 틀림없다.

'사장님이나 임원에게 다가가서 말을 건네기가 쉽지 않다'라고 생각하는 사람도 분명 있을 것이다. 그러나 회사에서 CEO나 임원의 직책을 가지고 있는 대부분의 사람은 자신에게 말을 걸어오는 부하직원을 좋게 생각하는 경향이 있다. 그렇기 때문에 지금까지 어렵다고 생각하던 관념을 버리고 과감하게 실행해 보면 '해보니 정말 잘했다'라고 느끼게 될 것이다. 그리고 유도영역 테크닉에 감사하게 될 것이니 반드시 시도해 보기를 바란다.

No.08

상대의 마음을 사로잡는

이모션 인팩트 *Emotion Infect*

"이 친구는 잘난 체하는 면이 있지만 뒤에서 다른 말은 하지 않아. 무엇보다도 일을 깔끔하게 마무리하는 믿음직한 사람이야."

만약 상사로부터 이런 평가를 받고 싶다면 '이모션 인팩트 (Emotion Infect)'를 사용하면 확실하게 효과를 볼 수 있다. 주변을 돌아보면 상사에게 특별히 아부할 만한 말을 하지 않으면서도 신기하게 상사로부터 호감받는 사람을 볼 수 있다. 그들이 상사의 호감을 사는 이유는 모두 다르겠지만, 이모션 인팩트 테크닉을 쓰면 당신도 그들처럼 호감받을 수 있으니 실천해보자.

이모션은 '감정', 인팩트는 '감염'이라는 뜻이다. 단어의 뜻에서 알 수 있듯이 '내 감정을 상대방에게 감염시킴'으로써 상대방의

56

마음에 들도록 만드는 기술이다.

미국의 캘리포니아주립대학 산타크루즈 캠퍼스(University of California, Santa Cruz, USA)의 명예교수인 심리학자 엘리엇 아론슨(Elliot Aronson)은 실험을 시도했다.

실험에 참여한 사람들에게 2가지 유형의 동영상을 보여준다. 동영상은 모두 퀴즈의 정답을 맞히는 내용이다. 첫 번째 동영상의 출연자는 작은 실수도 없이 연속하여 퀴즈의 정답을 맞히고, 두 번째 동영상의 출연자도 역시 정답을 맞히지만 마지막 장면에서 테이블 위에 있는 커피를 쏟는 실수를 한다. 동영상을 본 실험 참가자에게 '어떤 동영상에 출연한 사람에게 더 호감을 느꼈는가?'라고 질문했다. 결과는 두 번째 동영상의 '마지막에 커피를 쏟는' 출연자에게 호감을 느끼는 사람이 2배 정도 더 많았다.

결론은 대부분의 사람은 완벽한 상대보다는 어딘가 조금 부족해 보이는 사람에게 더 호감을 느낀다는 것이다. 실수나 약점을 보여주는 것이 오히려 자신에 대한 호감을 높이는 방법이 된다는 뜻이다. 이것이 바로 이모션 인팩트의 원리이다.

예를 들어서 회의 참석자들에게 배포할 자료는 모두 준비했으면서 정작 자신의 자료는 잊어버리고 온 사람이 당황하여 자료를 찾으면서 허둥대다가 넘어진다거나 벽에 머리를 부딪친다면 어찌 될지 생각해보자. 사람들은 '저 사람 뭐 하는 사람이야?'라고 한심하다고 생각하겠지만, 한편으로는 '바빠서 자기 자료를 빼먹고 오는 일은 흔히 있을 수 있어'라며 은연중에 호 감을 느끼게 된다.

만화나 영화의 캐릭터를 설정할 때도 이런 기법은 자주 쓰인 다. 주인공 캐릭터는 뛰어난 능력에도 불구하고 어딘가 약점을 표출함으로써 독자들에게 친근한 호감을 심어 준다. 이를테면 스파이더맨은 초인적 능력은 갖추고 있지만, 정신적으로는 약 간 미성숙한 것처럼 보임으로써 그의 매력을 극대화한다. 최근 에 일본에서 인기를 끌고 있는 〈가면라이더〉 시리즈도 역시 이 기법을 사용하고 있다. 초기 시리즈의 가면라이더는 완벽한 인 격을 갖춘 사람이었지만 시리즈가 계속되면서 허술한 약점을 드러내는 보다 인간적인 가면라이더로 묘사되고 있다.

이런 어리숙함이 상사의 감정을 '감염'시키기 위해서는 반드 시 지켜야 할 철칙이 있다. 당신 자신이 일을 완벽하게 해내는 능력을 키워야 한다는 점이다. 일은 잘할 능력도 없으면서 이모 션 임팩트를 사용한다면 당신에 대한 부정적 인식만 더욱 키우 는 결과를 초래한다는 점을 잊지 말아야 한다.

당신에게 부하직원이 있다고 상상해보자. 언제나 유능한 직 원이 어쩌다가 실패한다면 너그럽게 넘어가려는 마음이 들고 더 나아가서는 응원까지 해주고 싶어진다. 반대로 일도 제대로 처리하지 못하는 사람이 시도 때도 없이 실수를 저지른다면 보 기만 해도 화가 나는 것이 당연하다.

이모션 인팩트 테크닉을 사용할 때는 한 가지를 더하면 효과를 극대화할 수 있다. 아주 가벼운 신체접촉을 함께 활용하는 것이다.

"과장님, 이게 왜 잘 안 되죠? 괜찮은 건가요?"

"저, 이 일은 잘 해낼 자신이 없습니다. 뭔가 조언을 좀 해주시면 좋겠습니다."

약간 곤란한 표정으로 말하면서 아주 가볍게 신체를 접촉한다. '부탁해요'라고 말하는 것과 같은 느낌으로 상대방의 손목이나 팔을 가볍게 잡거나 스치는 정도이다. 이때 한 가지 주의할 점은 이성 사이에는 너무 지나치게 접촉하면 안 된다. 너무 지나치면 상대가 '어, 뭐야? 나한테 관심 있나?'라는 엉뚱한 오해를 불러일으킬 수 있으므로 주의해야 한다.

아주 가벼운 터치로 효과를 얻는 것을 '서브리미널(subliminal) 접촉', 즉 암시적 접촉이라고 부른다. 인지할 수 없는 수준의 자극으로 인간의 행동과 감정을 변화하는 서브리미널 기법은 광고는 물론이고 집중력 강화 프로그램 등에서 폭넓게 활용한다. 이 기법의 핵심은 아주 가벼운 터치로 잠재의식을 자극하는 것이다. 상대가 알 듯 모를 듯한 수준의 가벼운 터치이다.

프랑스에서 실시한 실험에서 남성과 여성을 불문하고 상대의 팔을 가볍게 터치하면 대화가 잘 통할 확률이 2배 이상 높아지는 것으로 나타났다. 한편 웨이터가 고객의 어깨나 팔을 가볍게 접촉하면 팁이 더 많이 나온다는 사실이 실험을 통해서 밝혀지기도 했다. 필자는 과거에 홍콩의 음식점에서 매니저로 일하면서 이 방법을 실제로 적용하여 효과를 본 경험이 있다. 아주 가벼운 터치로 간단히 팁의 액수를 늘릴 수 있었다.

이모션 인팩트는 다양한 상황에 적용될 수 있는 기법이므로 필요에 따라 사용해 보기를 권한다.

No.09

상사에게 보고하는 보고서의 철칙

단순화 · 명확화 · 최소화

"어이, 자네! 이 보고서에서 무슨 말을 하고 싶었던 건가? 확실히 알 수가 없잖아. 다시 작성해 오게!"

상사에게 불려가서 이런 말을 들은 경험이 있을 것이다.

보고서를 들고 돌아서면서 '숫자도 확실하게 들어가 있고, 클립으로 단정하게 마무리했는데…. 기껏 시간을 투자해서 작성한 보고서에 이따위 말을 듣다니 어처구니가 없네'라며 억울하다.

그러나 냉정하게 생각해야 한다. 보고서에 당신이 얼마나 화려한 문장을 사용했는지, 얼마나 보기 좋게 꾸몄는지는 중요한 요소가 아니다. 상사가 본질적으로 중요하게 생각하는 것은 '핵심 포인트를 얼마나 정확하게 전달하고 있는가'이다.

사실 대부분의 사람은 완성도 높은 보고서나 자료를 만들기 위해 필사적으로 노력한다. 보고서의 노예가 되는 것이다. 그런 노력의 이면에는 상사에게 인정받고, 내 두뇌가 얼마나 뛰어난 지를 보여주겠다는 심리가 잠재되어 있다.

만약 상사에게 '나는 무엇이든지 잘하는 사람'이라는 점을 알리고 싶으면, 굳이 머리가 좋다는 것을 보여줄 필요가 없다. 어쩌면 머리가 좋다는 것을 보여주는 것은 보고서를 망치는 일이다. 머리가 좋다는 것을 보여주려고 하는 순간 보고서나 자료는 엉망진창이 된다. 그 원인을 설명해 주는 사례가 있다.

2003년에 미국의 스탠퍼드대학교에서 75명의 학생을 대상으로 두 개의 문장을 읽게 한 후에 느낀 점을 물어보는 실험을 진행했다.

1. 단순한 언어로 쓴 문장

(예) 오늘은 날씨가 좋다. 태양도 밝게 비춰서 따뜻하다.

2. 같은 내용을 어려운 언어로 쓴 문장

(예) 오늘은 매우 기분이 멋지고 쾌청하고 구름 하나 없다. 하늘을 올려다보면 따스한 햇무리가 있고 찬란한 빛을 지상에 내리쪼이고 있어서 눈을 뜰 수 없을 정도로 눈부시다.

학생들에게 두 개의 문장 중에서 머리가 좋은 사람이 쓴 문장은 어느 쪽이라고 생각하는지를 물었다. 대부분의 학생은 문장이 간단할수록 '머리가 좋은 사람이 썼을 것 같다'라고 응답했고,

문장 표현이 어려워질수록 '머리가 나쁜 사람이 썼을 것 같다'라고 대답했다.

만약 소설에서 사용되는 '문학적 표현'과 관련된 문장이었다면 대부분이 두 번째 문장이 좋다고 답할 수도 있다. 그러나 지금 우리가 문제로 다루고 있는 것은 보고서나 자료이다. 사람들은 어려운 언어를 자유롭게 사용하면 매우 똑똑하다고 생각할까? 그렇지 않다. 완전히 그 반대이다.

인간의 뇌는 어려운 것을 싫어한다. 단순한 표현일수록 더 좋아하는 것이 뇌의 특성이다. 따라서 단순할수록 좋은 문장이고 호감도가 높다. 당신이 책을 읽을 때도 읽기 쉬운 책이 있는가 하면 읽기 어려운 책이 있을 것이다. 여러 번 읽어도 책장이 잘 넘어가지 않는 책은 기본적으로 어려운 단어가 나열되어 있다. 이런 책은 오래 붙들고 있어도 내용이 전혀 머릿속에 들어오지 않는다.

우리들이 사용하는 언어도 마찬가지다. 자신의 머리가 좋다고 생각하는 사람일수록 어려운 단어를 사용한다.

"객관적인 관찰로 기술할 수 있는 관계성에 주의를 기울이는 행동주의 심리학은 외부로부터의 자극에 의한 생체 반응의 변용을 다루는 학습 연구와 상성(相性)이 좋다."

무언가 말을 하고는 있지만 머리에 쉽게 들어오지는 않는다. 이런 사람들은 어려운 단어를 기억했다가 시시때때로 사용한다. 그러나 자기 것으로 만들어서 상대가 알아듣도록 전달하지는 못한다. 결국 머리가 좋은 것이 아니라 그저 기억력이 좋을 뿐이다. 기억력이 좋은 것은 머리가 좋은 것과 다르다. 정말 똑똑한 사람이라면 어려운 단어를 잘 소화해서 상대에게 알기 쉽게 전달해 줄 수 있어야 한다. 어려운 문장을 많이 사용할수록 상대방에게 더 큰 거부감을 주게 된다. 상대를 배려하지 않고 그저 자신의 지식이 대단하다고 자랑하는 것으로 보일 뿐이기 때문이다.

그럼에도 불구하고 어려운 문장을 쉽고 간단하게 표현할 수 없는 경우도 있다. 이럴 때는 어려운 문장의 의미를 다른 사람에게 물어보는 것도 좋은 방법이다. 그 사람이 하는 말이 쉽고 이해가 잘 된다면 이것을 문장으로 만들면 된다.

쉽게 알아들을 수 있는 문장을 씀으로써 머리가 좋은 사람으로 보이기 위해서는 잊지 말아야 할 3가지 포인트가 있다.

첫째, 단순화 : 알기 쉽게, 간단하게

둘째, 명확화 : 명료하게, 간결하게

셋째, 최소화 : 최소한으로

고지식한 상사의 의견을 꺾으려면

맥스 어그라 *Max AGLA*

"도대체 몇 번을 말해야 알아듣겠어! 이런 기획안 따위는 필요 없어. 그래서 처음부터 자네의 경험으로는 무리라고 말했던 거야."

상사의 지시에 따라 한 번도 아니고 몇 번이고 기획안을 수정 했지만 제대로 인정받지 못하는 상황이라면 잘해보려는 의지마 저 꺾이고 말 것이다.

만약 정말로 기획안에 문제가 있는 경우라면 어쩔 수 없지만, 많은 경우에는 그저 상사와 견해가 다르기 때문에 생기는 문제 이기도 하다. 개인 취향이 다르기 때문에 오랜 시간과 노력을 들인 기획안이 휴지 조각으로 변해버리니 안타깝기 그지없다. 자신의 판단만이 옳다고 생각하면서 아랫사람의 기획안은 인정하려 들지 않는 완고하고 고지식한 상사들이 많다. 그들의 사고방식으로는 자기 생각은 모두 옳고, 상대방의 생각은 모두 틀리다. 실제로 이런 상사 밑에서 일하고 있다면 정말로 큰일이 아닐 수 없다. 이런 상사와 함께 일하는 직원들의 이직률은 상대적으로 높다.

고지식한 상사와 함께 일하고 있다면 '맥스 어그라(Max AGLA)' 테크닉을 강력히 추천한다. 여기서 '어그라'는 다음 네 단어를 결합한 것이다.

Accept(받아들이다) - Grasp(이해하다) - Live together(사이좋게 하다) - Advice(조언하다)

여기에 4가지 행동을 최대한으로 이용하라는 의미에서 '맥스'를 붙였다. 고지식한 상사는 기본적으로 다른 사람의 의견을 듣지 않는 경향이 있다. 사고방식도 유연하지 않으며, 특히 자신의 잘못은 절대로 인정하지 않는다. 맥스 어그라 테크닉을 잘 활용한다면 이런 상사도 간단하게 컨트롤할 수 있을 것이다.

먼저 'Accept'이다. 고지식한 상사는 자기 생각만이 항상 옳다고 생각한다. 보통의 경우라면 그런 상사에게 강하게 저항하는 태도를 보이지만 일단은 받아들여라. 받아들이면서 마음속으로는 '이런 사람이니 이해해야지'라고 생각하면서 공감하라.

받아들인다는 것은 절대로 상사를 변화시키려고 생각하지 않는다는 것과 같은 뜻이다. 이때 필요한 것은 공감의 표현이다. 자기 생각에 공감하고 있음을 느끼면 아무리 완고한 상사라도 자연히 마음을 열기 때문이다.

두 번째는 'Grasp'이다. 고지식한 사람 중에는 자신만의 고집으로 일을 확실하게 해내는 사람이 많다. 그렇기 때문에 납득하는 것은 어렵지만 일단 납득한 후에는 쉽게 자기 생각을 바꾸고 적응한다. 받아들이기만 하면 더할 나위 없는 동지가 된다.

세 번째는 'Live together'이다. 사람들은 대부분 고지식하고 완고한 상사를 싫어하기 마련이고, 그래서 언제나 그들은 고독하다. 만약 고독한 그들을 이해하면서 사이좋게 일을 한다면 관계가 누구보다 돈독해질 것이다. 앞으로의 직장 생활이 확 트일 수도 있다. 그런 미래를 위해서 지금 참으면서 상사와 사이좋은 관계를 다지도록 한다.

마지막으로 'Advice'이다. "이 문제를 자세히 조사해 봤는데도 잘 모르겠습니다. 번거로우시지만 좀 가르쳐주시면 감사하겠습니다"라는 한마디 말이 완고한 상사의 마음을 얼마나 기쁘게 만드는지 안다면 엄청나게 놀랄 것이다. 사실 그들도 자신이 꼰대 짓을 하고 있다는 것을 알고 있다. 그렇기 때문에 아랫사람이 조언을 구하면 '아, 나에게 아직 희망이 있구나'라고 생각하면서 기뻐한다.

앤 설리번(Anne Sullivan)은 헬렌 켈러(Helen Adams Keller)의 가정교사로 보통은 '설리번 선생'이라고 부른다. 어린 시절의 헬렌은 보지 못하고, 듣지 못하고, 말하지 못하는 등 여러 가지 신체장애를 가진 학생이었다. 그런 그녀가 설리번 선생의 교육을 통해서 모든 장애를 극복하고 세계적으로 유명한 사회사업가로 활동할 수 있게 되었다.

헬렌 켈러는 신체장애가 심했기 때문에 아무도 그녀를 상대하지 않았다. 이런 환경에서 헬렌 역시 마음을 닫아버리고 세상과의 소통을 거부했다. 설리번 선생은 헬렌의 마음을 열기 위해 온갖 정성을 다해서 진심으로 시중을 들었다. 그리고 헬렌은 드디어 마음을 열고 세상으로 나오게 되었다.

설리번 선생의 교육은 헬렌의 신체장애를 '받아들이는' 것에서 시작되었다. 장애를 조롱하지 않고 '이해'하는 모습을 보여주면서 서로의 '사이가 좋아지게' 되었다. 두 사람은 서로의 '의견을 주고받으면서' 헬렌은 닫았던 마음을 열고 세상으로 나왔다. 설리번 선생이 헬렌을 교육한 방법이 바로 '맥스 어그라' 기술이다.

최근 헬렌 켈러의 생애를 엮은 책이 출간되었는데, 제목이 『기적을 일으킨 사람』이다. 기적의 주인공은 헬렌이 아니고 그녀의 가정교사인 설리번 선생이다.

당신이 고지식하고 완고한 상사를 움직이게 만드는 사람이 되어라. 완고한 상사를 움직이게 만들기 위해서는 설리번 선생처럼 맥스 어그라 테크닉을 쓰면 된다. 『기적을 일으킨 사람』을 읽어 보면 곳곳에 맥스 어그라 테크닉의 진수를 발견할 수 있다.

특히 여성이 사용하면 남성보다 훨씬 큰 효과를 얻을 수 있다. 여성이 맥스 어그라 테크닉을 사용할 때는 약간의 거리감을 둠으로써 이성적 접근으로 오해하지 않도록 해야 한다는 점을 잊으면 안 된다.

No.11

상사를 내 편으로 만들 수 있는

아론 퀘스천 *Aron Question*

회사에서 조직 생활을 하다 보면 다양한 유형의 상사를 경험하게 된다.

서점에 가면 상사를 어떻게 대해야 좋은 관계를 유지할 수 있는지에 대한 방법을 설명한 책도 쉽게 볼 수 있다. 그러나 '아론 퀘스천(Aron Question)'만 배워서 실천하면 상사를 내 편으로 만드는 일이 아주 쉽다. 간단하면서도 쉽고, 효과는 최고이기에 배워서 활용하기를 적극적으로 추천한다.

아론 퀘스천은 미국 뉴욕주립대학의 아서 아론(Arthur Aron) 박사가 개발한 방법이다. '최대한 빠른 시간에 상대방과 사이가 좋아지게 만드는 방법'에 관한 연구를 진행하면서 최종적으로

'마음의 경계를 허물 수 있는 질문 33개'를 찾아냈다. 이 질문은 현실에서 다양하게 활용되었고, 실제로 효과가 매우 좋은 것으로 입증되었다.

상대방과 사이좋게 지내기 위해서는 다음의 2가지 포인트가 반드시 필요하다. 하나는 자신에 대한 것을 시원하게 보여주기, 다른 하나는 신뢰를 구축하기이다.

먼저 '자신에 대한 것을 시원하게 보여주기'란 말 그대로 자신을 100% 알려주는 것을 말한다. '신뢰를 쌓아간다'는 것은 상대에게 믿을 수 있다는 생각을 심어주는 것이다. 서로 확실한 믿음이 있고, 상대의 진심도 보았다면 좋은 관계가 만들어질 수밖에 없다.

너무 당연한 말이라서 무슨 법칙이라고 부르는 것이 지나치다고 생각할 수도 있지만, 사람들은 거의 모든 상황에서 자기중심적이다. 모든 관계에서 '이것이 나에게 손해가 될까? 이득이될까?'라고 생각한다. 자신을 돌아보면서 냉철하게 생각하면 쉽게 이해할 수 있을 것이다. 그런 마음으로 상대를 대하면 원활한 관계를 구축하기는 거의 불가능하다.

이제부터는 아론 박사의 '자신을 시원하게 보여주기'와 '신뢰를 구축하기'가 가능한 마법의 질문을 기억하자. 직장 상사에게 사용할 때는 적절한 단어로 바꿔서 활용하면 된다. 단, 질문의 내용은 바꾸지 않는다. 1번 질문부터 차례대로 적절한 간격을 두고 질문을 던지면 더 큰 효과를 얻을 수 있다. 질문을 잘 읽어보면서, '나는 이런 질문에 어떻게 대답할 것인가?'에 대해서도 생각해보자.

[아론 퀘스천]

1. 누군가에게 식사를 같이 하자고 말해야 한다면 누구에게 히겠습니까?

2. 당신이 유명인이라면, 어떤 방법으로 유명인이 되었나요?

3. 전화를 걸기 전에 할 말을 미리 연습해 보나요? 만약 그렇다면 왜 연습을 하나요?

4. 완벽한 하루를 보냈다면 어떤 하루인가요?

5. 마지막으로 혼자서 노래를 부른 것은 언제입니까? 또 누군가를 위해서 노래한 적이 있나요, 있다면 무슨 노래였나요?

6. 100세까지 살 수 있고 죽기 전까지 30세의 '육체'와 '정신력' 중에서 하나만을 유지할 수 있다면, 어느 쪽을 선택하겠습니까?

7. 당신의 죽음은 어떨 것 같나요? 생각해본 적이 있나요?

8. 당신과 나와의 공통점이 있나요? 있다면 3가지만 말해주세요.

9. 당신이 가장 감사하다고 생각하는 사람은 누구인가요?

10. 당신이 자라온 환경을 바꿀 수 있다면, 어떤 환경을 바꾸

고 싶은가요?

11. 3분 동안 당신의 인생에 대해서 말해주겠습니까?

12. 내일 눈을 뜨는 순간 당신이 원하는 한 가지 능력을 가질 수 있습니다. 당신은 어떤 능력을 가지게 될까요?

13. 무엇이든지 알려주는 마법의 구슬이 있습니다. 당신은 무엇을 알고 싶은가요?

14. 꼭 한 번 해보고 싶었지만, 아직까지 해보지 못한 것이 있나요?

15. 당신이 살아온 인생에서 가장 대단한 성과는 무엇인가요?

16. 친구 관계에서 가장 중요한 것은 무엇인가요?

17. 가장 소중한 추억은 무엇인가요?

18. 가장 생각하기 싫은 기억은 무엇인가요?

19. 1년밖에 살지 못한다면 꼭 하고 싶은 것은 무엇인가요? 또 그것을 하려는 이유는 뭔가요?

20. 당신에게 우정이란 무슨 의미인가요?

21. 당신에게 사랑이란 무엇인가요?

22. 당신이 볼 때 나의 좋은 점이라고 생각되는 것을 5가지만 말해주겠습니까?

23. 가족 관계는 친밀한가요? 어린 시절에는 다른 아이들보다 행복했다고 생각하나요?

24. 엄마와의 관계는 어떤가요?

25. 우리가 친구가 된다면, 나에 대해서 무엇을 알고 싶은가요?

26. 나의 좋은 점이 무엇인지 말해주세요. 또 나의 나쁜 부분이 무엇인지 솔직하게 말해주겠습니까?

27. 살면서 가장 부끄러웠던 것을 서로 이야기해 볼까요?

28. 가장 최근에 울었던 것은 언제인가요? 왜 울었나요?

29. 지금까지 대화하면서 나에 대해서 괜찮다고 느낀 부분이 있다면 무엇인가요?

30. 당신에게 너무 진지한 문제여서 농담으로 올리면 안 된다고 생각하는 것이 있다면 무엇일까요?

31. 오늘밤에 아무도 모르게 죽는다면, 누구에게 어떤 이야기를 남기고 싶은가요?

32. 집에 불이 나서 가족과 반려동물은 구했습니다. 한 가지만 더 가지고 나올 수 있다면 무엇을 가지고 나오겠습니까? 또 그 이유는 무엇인가요?

33. 가족 중에 죽으면 안 된다고 생각하는 사람은 누구인가요? 그 이유는 무엇인가요?

이렇게 33개의 질문이 아론 퀘스천이다. 만약 지금까지 각각의 질문에 대답하면서 질문을 읽고 있는 사람이라면 필자에 대한 신뢰가 어느 정도 쌓인 사람일 것이다. 여러분과 필자 사이에 신뢰 관계가 구축됐다는 뜻이다. 아론 퀘스천의 질문은 같이

술을 마시거나 식사하는 자리에서 해보면 특히 효과가 좋다. 적
절한 기회를 찾아서 직장 상사에게도 꼭 한 번 시도해보길 권
한다.

상사를 침묵시키기 위해
신경 써야 되는 것

스피드 토크 *Speed Talk*

"오늘 협의는 어떻게 진행되었나요?"

"아… 잠깐 기다려 주세요…. (한참 자료를 들추어 본 후에) 기본적으로는 문제가 없습니다. 파트너도 이 예산이 괜찮다고 말했기 때문에요…."

많은 사람이 상사로부터 갑자기 질문을 받으면 굉장히 당황한다. 그런 상황에서는 상사의 마음속에 '이 사람에게 일을 맡겨도 괜찮을까?' 하는 불안한 생각이 생길 수밖에 없다. 그때부터 '일을 제대로 못하는 사람'이라는 보이지 않는 꼬리표가 붙고, 중요한 일을 맡지 못하는 변두리 직원이 되고 만다.

많은 사람이 상사의 느닷없는 이런 질문에 대답을 잘하기는 쉽지 않으며, 오랜 경험이 축적되어야 가능하다. 하지만 반드시 많은 경험이 없다 해도 간단한 포인트만 맞추어 대답하는 테크닉을 사용하면 일을 잘하는 사람이라는 인상을 줄 수 있다.

일을 잘하는 사람이라고 평가받기 위해서는 '상사의 질문에 가능한 한 빠른 대답을 하는 것'만으로도 충분하다. 2015년에 호주 브리즈번에 있는 퀸즐랜드대학교(University of Queensland)에서 이 사실을 증명하는 실험을 했다.

먼저 실험에 참여한 417명 학생의 성격 테스트와 IQ 테스트를 실시했다. 이어서 그들에게 몇 가지 과제를 주고 응답 시간을 기록했다. 과제는 '보석의 이름을 가능한 한 많이 이야기해 보세요?'라고 질문하거나 또는 일반적인 퍼즐 맞추기를 얼마나 빨리 해결하는지 등이다. 실험으로 밝혀진 결과는 다음과 같다.

- 문제에 대답하는 속도가 빠를수록 머리가 좋다고 생각된다.
- 실제 IQ와 응답 속도와는 관계가 없다.
- 성격이 좋음과 머리가 좋음은 관계가 없다.

정리해 보면, 머리가 좋다고 생각되는 사람은 실제 머리가 좋은 것과는 상관이 없다. 단지 '문제에 얼마나 빠르게 대답하는가?'에 따라서 머리가 좋다고 생각할 수 있다. 이 연구에 참여한 사람은 다음과 같이 말했다.

"일을 잘할 사람이라고 생각되는 것은 머리의 좋고 나쁨과 관련이 없습니다. 더구나 어려운 문제를 푸는 능력이 높은 사람이라도 반드시 '일을 잘할 수 있다'라고 생각되지 않는 경우가 있습니다. 일을 잘할 수 있는 사람이라고 여겨지는 것은 질문이나 문제에 빠르게 대답하는 사람에 대한 평가입니다."

결국 질문에 대해서 '대답이 맞는가, 아닌가는 신경 쓰지 않아도 좋다'라는 뜻이다. 어쨌든 자기의 질문에 빠르게 대답할 수 있다는 것만으로도 상사는 '이 사람은 일을 잘할 수 있겠다'라고 느낀다.

"아니, 그렇다고 해도 대답이 묻는 내용과 맞지 않는다는 것이 나중에 밝혀지면 안 되잖아요?"

이렇게 의심하는 사람들이 있을지도 모른다. 그렇다면 다음 대화를 들어보고 앞의 대화와 비교해보자.

"오늘 협의한 진척 상황은 어떻게 되나요?"

"예상대로 잘 되어가고 있습니다. 상대도 가능한 예산이라고 말합니다. 자료를 보시겠습니까?"

이렇게 말하고 자료를 보여주며 설명한다. 앞의 대화와 어떤 차이가 있는지 알 수 있는가? 자료를 보여주는 경우와 보여주지 않는 경우에 상대에게 전달되는 인상이 하늘과 땅 차이로 다르다. 그렇기 때문에 마치 자료를 보여주는 듯한 이미지를 전달하는 것도 효과적이다. 비록 협의 내용을 전혀 기억하지 못한다해도 다음과 같이 대답하는 방법을 이용해도 된다.

"예, 아무 차질 없이 진행되고 있습니다. 바로 논의된 안건을 정리해서 진척 상황을 15분 안에 자세히 설명해 드리겠습니다."

그저 빠른 대답으로 응답하기만 했는데도 협의 내용을 완벽하게 이해하고 있다는 느낌이다. 설명을 나중으로 살짝 미루면서 그 시간을 이용하여 자료를 살펴보면 된다. 설명하는 타이밍을 나중으로 미루는 것으로 아주 간단하게 좋은 인상을 줄 수 있는 테크닉이다.

결론적으로 질문에 재빠르게 대답하는 것이야말로 상대방에게 '일을 잘하는 사람'이라는 인상을 심어주는 중요 포인트이다. 그리고 아무리 상사라 할지라도 일을 잘하는 사람에게는 이러쿵저러쿵 잔소리가 없다.

간혹 빠른 어투로 말하는 것이 필요한 때가 있다. 빠른 어투는 상대의 반론을 차단하는 효과가 있기 때문에 앞에서처럼 '설명은 나중에 한다'라고 대답하는 테크닉의 효과를 더 높게 해준다. 하지만 빠른 어투는 기본적으로 '신빙성이 적다', '신뢰성이 약하다', '자신감이 없다'는 느낌을 주는 것이 일반적이다. 따라서 빠른 어투의 사용은 만일의 경우 또는 일단 유사시에만 사용해야 한다. 보통의 경우라면 반드시 천천히, 차분하게 말하는 방법을 사용할 것을 추천한다.

만약 당신이 직장의 상사라면
반드시 부하직원이 의지할 수 있는 상사가 되어야 한다.

제 2 장

부하직원을
철저하게 다루는
지배 테크닉

No.13

지시를 하는데도
곧바로 움직이지 않는 부하직원에게

핀 포인트 피그말리온 효과 *Pin-point Pygmalion Effect*

"P씨, 회의 자료는 다 준비되었나요?"

"앗, 아니요…. 아직입니다만…."

"어, 그래요? 내일 회의에 그 자료가 없으면 안 된다고 말했는데요? 그 자료가 없으면 회의 진행이 불가능합니다. 그래서 일찍 서둘러 달라고 말했는데…, 왜 빨리 시작하지 않는 거죠?"

"오늘 하면 맞출 수 있다고 생각해서요…. 지금부터 시작하면 문제없을 것 같아요."

만약 부하직원과 이런 대화를 주고받는다는 것을 경영진이 알게 된다면 '부하직원을 잘 관리하지 못한다'라고 생각할 것이 틀림없다.

82

상하 관계가 있는 조직에서는 이렇게 상사의 지시를 즉각 따르지 않는 부하직원이 반드시 있게 마련이다. 그런 부하직원이 나타날 때마다 머리에 담아둔다면 아마 스트레스로 견딜 수 없게 될 것이다. 더구나 최근에는 인재를 채용하는 일도 어렵기 때문에 경영진들이 '부하직원이 사표 쓰는 일이 없도록 신경 쓰라'고 각별하게 지시하는 것이 현실이다. 그러니 부하직원을 둔 사람의 처신이 더욱더 어려운 세상이다.

부하직원에게 일을 지시하는 것이 그리 어려운 일이 아니라고 생각할 수도 있다. 그러나 잘하지 못해서 일의 방향성이나 방법을 착각한다면 나중에 되돌리기가 무척 어렵기 때문에 상당한 주의를 기울일 필요가 있다.

만약 부하직원이 정당한 지시를 들은 척도 하지 않거나 시키는 대로 하지 않으려는 상황이라면 '핀 포인트 피그말리온 효과 (Pin-point Pygmalion Effect)' 테크닉을 사용하기를 적극적으로 권한다. 피그말리온 효과를 간단히 설명하면 '사람은 기대할수록 그 기대에 부응하기 위해 노력한다'라는 심리적 행동으로 교육심리학에 기초한 이론이다.

"어떻게 능력이 그리 뛰어나지? 이 프로젝트도 자네가 맡으면 틀림없이 성공할 것 같아. 자네는 우리 회사에서 최고의 인재야. 정말 기대가 크다네."

윗사람에게 이런 말을 들으면 대부분의 사람은 무언가를 하려는 의욕이 용솟음치고, 기대에 부응하려고 적극적으로 노력하는 것은 매우 당연한 일이다. 그런데 이런 피그말리온 효과가 지칭하는 '범위'가 모호해지면 나중에는 그런 말에도 크게 영향을 받지 않는 사람이 나타난다.

처음에는 "기대하고 있다"라는 말에 의욕이 생겼다가, 나중에는 무엇을 기대하고 있는지를 명확하게 인식하지 못함으로써 피그말리온 효과를 볼 수 없게 된다. 기대에 부응하고 싶기는 하지만 어떤 부분에 부응하면 좋은 것인지 또는 자신의 어떤 능력을 불태우면 좋을지를 스스로 알 수 없기 때문이다. 실제로 대부분의 사람이 이 함정에 빠져서 피그말리온 효과를 알고 실천함에도 불구하고 의도대로 아랫사람이 움직여주지 않는다는 딜레마에 빠지는 것이 사실이다.

이런 상황에 빠지지 않기 위해서 필요한 테크닉이 핀 포인트 피그말리온 효과이다. 핀 포인트란 글자 그대로 '상대의 능력이 높은 부분을 구체적으로 지적함으로써, 그 부분에 크게 기대하고 있다고 말해주는 언어표현' 방법이다.

일반적인 피그말리온은 "어떻게 능력이 그리 뛰어나지? 이 프로젝트도 자네가 맡으면 틀림없이 성공할 것 같아. 자네는 우리 회사에서 최고의 인재야. 정말 기대가 커"라고 말하는 것이다.

반면 핀 포인트 피그말리온은 "자네는 계산능력과 분석능력이 무척 뛰어나. 매우 놀라워. 다음 프로젝트에서는 기획안에 담길 숫자 처리와 비용을 분석하는 데 자네의 뛰어난 능력이 최대한 발휘되기를 기대하고 있어"라고 말하는 방법이다. 이 대화 방법은 일목요연해서 듣는 사람도 자신이 어떤 분야에서 힘을 쏟아야 하는지를 쉽게 알고 이해한다. 물론 상사가 그 점에 대해서 자기에게 큰 기대를 하고 있음도 명확히 알게 된다.

"하지만 보다 더 많은 부분에서 힘을 써야 하고, 그 분야 이외에도 해야 할 일이 산더미처럼 많이 있는데, 어떻게 그 부분에만…."

이렇게 반론하는 사람도 있을 것이다. 크게 걱정할 필요가 없다. 우선 부하직원의 특정 능력에 포커스를 맞추어서 핀 포인트 피그말리온 효과가 발생하도록 하는 것이 중요하다. 한 가지라도 완벽하게 일을 해내면 다음부터는 무슨 능력을 더 보여줘야 한다는 마음이 움찔움찔 생기기 마련이다. 대다수 사람은 '잉여 기대'에 부응하려는 심리적 속성을 가지고 있다.

"P씨, 어제 말한 자료 분석을 전부 끝냈나요?"

"그래, 역시 자네에게 맡기길 잘했어. 잘하는 사람은 일이 빠르다니까. 멋지다. 만약 자네가 잘할 수 있는 다른 분야의 일이 있으면 꼭 부탁하고 싶은데 괜찮지?"

아랫사람으로서 상사에게 이런 말을 들었다면 어떤 느낌이 드는가? 또 뭐라고 대답할 것인가? 관리하는 입장에서는 원 쿠션을 치지만 그것으로 부하직원의 의욕이 넘치게 되고, 쓰리쿠

션처럼 상사의 다양한 지시에도 기쁜 마음으로 따르게 만들 수 있으니 정말로 쉽고 간단한 테크닉이다.

가볍게 보이지 않으려면

샤크 케이지 *Shark Cage* 효과

하와이 노스 쇼어(North Shore)의 마린 액티비티에는 '샤크 투어(Shark Tour)' 프로그램이 있다.

배에서 바닷속으로 케이지를 늘어뜨리고, 케이지를 타고 바다로 들어간 관람객들이 상어와 직접 대면하는 프로그램이다.

대부분의 상어는 비교적 온순한 종류이지만, 장소에 따라서는 영화 〈조스〉에 등장해서 유명한 백상아리가 나타나기도 한다. 백상아리가 흥분하면 케이지를 부수려고 달려들거나 물어뜯기도 하는데, 그 대단한 스릴감에 체험 관광객이 끊이지 않는다고 한다. 백상아리 투어에서 이런 상황을 경험한 적이 있는 사람이라면 케이지에서 상어를 자극하지 말아 달라고 스태프에게 부탁할 것이다.

시대를 막론하고 직장에는 골칫덩어리 직원이 항상 있게 마련이다. 직장의 아랫사람 중에서는 상사나 선배를 무시하는 사람이 꼭 있는데, 그들도 골칫덩어리 직원의 한 유형이다. 최근에는 청년에게 저임금 등의 부당노동행위를 강요하는 악덕 기업인 블랙 기업(Black Company)이라든가 직장 내 괴롭힘인 파워하라(Power Harassment) 등이 사회적 이슈가 되고 있다.

그뿐만 아니라 젊은이들이 회사를 그만두지 않도록 갖은 노력을 기울이는 것이 현실이다. 그래서 지금 젊은이들은 과거 선배들의 경험에서는 생각조차 할 수 없을 정도로 좋은 대우를 받고 있다. 부하직원이 금방이라도 그만둘 것 같으면 상사가 나서서 '우수한 사원을 그만두게 놔둘 수는 없다'라고 적극적으로 만류하는 현상도 벌어지고 있다.

그럼 그들이 "그만둔다"라는 말을 입에 달고 사는 이유는 무엇일까? 그것은 자신이 상사로부터 칭찬받을 정도로 일을 잘하고 있다고 생각하기 때문이다. 정말 그럴까? 물론 그런 경우도 있겠지만 대부분의 경우는 그들의 착각이다. 제일 먼저 생각해야 하는 것은 젊은이들은 윗사람을 무시하는 것이 일반적이라는 사실이다. 당신의 지난날을 한번 떠올려보자. 그때는 사회적 분위기가 지금과는 많이 달랐기 때문에 반항적 태도를 취하지 못했지만, 마음속으로는 상사나 선배에 대해 '저런 사람에게 왜 이런 대접을 받아야 하지?'라고 한 번쯤은 생각했던 적이 있을 것이다.

젊은이들이 다른 사람을 무시하는 태도를 취하는 것은 '자기가 더 뛰어나다'라고 멋대로 인식하는 자기도취 심리에서 비롯된다. 이른바 대인관계에서도 자기가 더 뛰어나다는 생각을 철석같이 믿지만 실제로는 그렇지 못한 상황이 벌어져서 생기는 초조함을 중화시키기 위한 자기 회피 수단일 뿐이다. 결국 그들이 상사를 무시하는 태도를 취하는 것은 윗사람의 탓이 아니다.

그리고 정말 중요한 것은 그들의 태도가 아니라, 그것을 받아들인 후의 '당신의 태도'이다. 그들이 무시하는 태도를 취했음에도 불구하고 당신이 그냥 인정하는 반응을 보인다면 '어, 이게 뭐야? 이 사람 실제로 대단한 사람이 아니네. 더 마음대로 해볼까?'라고 내심 생각한다. 그렇게 반복되면 이제는 정말로 무시하게 된다. 이 상황을 샤크 케이지 이야기와 비교해 보면, 케이지에 들어가 있는 상사가 상어인 부하직원을 자극한 셈이 되어서 부하직원들이 공격을 시작한 것이다.

상황이 이렇게 되면 정말 곤란하기 때문에 입장을 바꾸지 않으면 안 된다. 부하직원을 상어로 만드는 것이 아니라 케이지에 두고, 상사는 상어가 되어야 한다. 그러면 부하직원이 무시하는, 즉 상사를 자극하면서 갑자기 공격해 들어오기도 한다.

회식하자고 해도 이런저런 핑계를 대면서 항상 빠져버리는 부하직원의 예를 들어보자. 참가하겠다고 말해놓고도 직전에 제멋대로 참석하지 못한다고 통보한다.

"과장님, 미안합니다. 오늘도 컨디션이 좋지 않아서 참석하지 못하겠네요."

아마 부하직원은 이런 말을 하면서 상사로부터 어떤 대답이 올 것이라고 예상한다. 이때 상사가 "그래? 할 수 없군. 알았네" 라고 대답하면 절대로 안 된다.

만약 부하가 그런 말을 하면 한동안 침묵을 지키고 숨을 크게 들이쉰 뒤 큰 목소리로 말한다.

"무슨 말이야? 자네도 생각해 보라고! 참석한다고 말한 것은 자네잖아? 몸 컨디션이 어떤지는 바로 직전이 아니라도 미리 알 수 있는 일이고? 예약까지 해둔 상태인데 어떻게 하란 말이야?"

더욱 중요한 것은 그다음이다. 화난 목소리는 바로 그 순간이면 충분하다. 즉시 부드러운 목소리로 돌아가서 말을 이어가야 한다.

"…… 그래. 몸 컨디션이 좋지 않다는데 어쩔 도리가 없지. 들어가서 잘 쉬고 내일 일에 차질 없도록 잘 준비해요."

천천히 아주 부드럽게 속삭이듯이 말하는 것이다. 화가 끝까지 치우친 정점에서 갑자기 보살처럼 부드러움을 연출한다. 순간에 변화되는 온도 격차가 클수록 일은 성공적이다. 이때 부하직원의 마음속에서는 '이분…, 매일 유순한 줄 알았는데 한 번

화가 나니까 칼날처럼 위험한 것 같은데…'라고 생각하게 된다.

폴란드의 오폴레대학(Uniwersytet Opolski)에서 1998년에 발표한 논문에 'FRT 기법'이라는 테크닉이 소개되어 있다. '공포로부터의 안심'이라는 심리상태가 되는 심리기법에 대한 내용이다. 실험 방법은 지나가는 사람을 놀라게 한 후에 설문조사를 부탁하는 것이었다. 결과는 그냥 설문조사를 부탁한 사람들에 비해서 2.5배로 높게 나타났다. 놀란 다음에는 상대의 요구를 더욱 잘 수용하는 것이다.

'샤크 케이지 효과'는 FRT 기법과 유사한 효과를 나타낸다. 특별한 차이는 공포로부터의 안심에서 시작하지만 '공포의 고정화'로 진행된다는 것이다. 샤크 케이지 효과를 활용하여 '화나게 하면 위험하다'라고 인식되는 상사가 되어야 할 필요가 있다.

사소한 부탁이라도
최선을 다해 움직이게 하는
DTR

❶ 이 상품은 5만 엔입니다.

❷ 이 상품은 천 엔짜리로 50장입니다. 많이 구입해주세요.

위의 두 가지 문장은 같은 말을 하고 있다. 어떻게 말하는 사람의 상품이 더 많이 팔리겠다고 생각되는가? 정답은 ❷번이다. 보통 일반적인 ❶번 어법을 구사하는 경우에는 실제로 구매하는 사람이 40% 정도였는데, ❷번 어법을 구사하는 경우에는 구매자가 80%를 넘는다는 것이 실험 결과로 나타났다.

이런 기법을 'DTR'이라 하는데 Disrupt Then Reframe(혼란 후에 재구성)이라는 내용의 앞글자를 따온 것이다. 일단 사고를 혼란스럽게 만들고, 그것을 재구성하는 순간에 곧바로 목적하는 문장을 말하는 기법이다. 앞의 내용에서 보면 '구입해달라'는 것이 목적 문장이다.

1999년에 미국의 스탠퍼드대학교에서 실시한 실험이다. 프리마켓에서 피실험자에게 8장의 카드를 한꺼번에 3달러에 팔도록 했다. 피실험자는 두 가지 패턴의 문장 중에 하나만을 사용한다.

❶ 8장 카드를 3달러에 드리겠습니다.

❷ 8장의 카드가 300페니입니다. 많이 구입해주세요.

실험 결과는 ❷의 DTR을 사용한 토크가 역시 80% 판매되었다. 이와 같은 DTR 기법을 직장 내 부하직원에게 사용할 때 어떤 효과가 나타날까?

"B씨, 이 거래는 2시간 45분 이내에 마무리하세요."

부하직원은 듣자마자 그것은 무리라고 생각할 것이다. 실제로도 무리일 수 있다. 하지만 "B씨, 이 거래는 앞으로 165분 이내에 마무리하세요. 그 정도 시간이면 잘되겠지요?"라고 말한다면 어떨까? 순간 '될 것 같다'라고 느낄 것이다. 2시간 45분을 165분이라고 말하는 순간, 부하직원은 순간적으로 '165분이면 어느 정도인가?'라고 생각하게 되는데, "그 정도 시간이면 잘될 것 같다"라는 말에 플리즈(please)의 감정이 담겨있다고 느끼기 때문에 상사의 요구를 받아들이게 되는 것이다.

이때 한 가지 주의할 것이 있다. DTR은 상대를 교란하고 즉각 재구성, 즉 '다시 말하기'가 필요하다. 부하직원이 생각할 시간을 주면 뇌가 안정을 찾으면서 효과가 없어진다. 그러므로 빠른 리듬으로 사용하는 것이 매우 중요하다는 점을 잊지 말아야 한다.

이 기법을 인터넷상에서 시도해보았는데 결과적으로 그다지 효과를 보지 못했다. 역시 상대에게 생각할 시간을 주어서는 안 된다는 것을 알 수 있는 경험이었다. 반드시 '대면 상태에서 사용하는 테크닉'이라는 점을 명심해야 한다.

혼란이라는 상황을 역이용하는 DTR은 마인드 컨트롤을 체험할 수 있는데, 아주 간단해서 누구라도 사용할 수 있는 기법이다. 꼭 시도해보길 바란다.

네게 남은 시간은 앞으로 2시간이야.
잘 계산해봐. 그때까지 가능하지?

… 얼마야 그게? 그 시간 동안
머리털을 싹 다 뽑아버릴까?

No.16

부하직원에게 스스로 일하려는
의욕을 불러일으키는
캐릭터 고정화

"아, 이 친구는 정말로 일을 하려는 마음이 있기는 한 거야? 대
답도 명료하지 못하고 도저히 해보겠다는 마음이 있다고는 생각
할 수 없으니…."

마음속에서 이런 탄식의 말이 나오려고 한다면, 그 직감은 거
의 틀림없이 사실에 부합한다. 사람의 마음가짐은 실제로 몸으
로 표현되어 그대로 외부에 표출되기 때문이다. 바로 그 시점에
옆에서 '이 사람이 뭔가 하려는 의욕이 없네'라고 느낀다면 그
직원은 실제로 일하려는 의욕이 없는 것이다.

사람이 뭔가를 하려는 의욕이 없을 때를 분석해 보면, 대부분
의 경우 다음 3가지 패턴에 해당한다.

1. 목표가 보이지 않는다 : 하려는 의욕을 보이고 싶어도 어디로 향해야 하는지 알 수 없으니 의욕을 발휘할 수 없다.

2. 목표가 너무 높다 : 시도도 하기 전에 이미 '이건 무리야', '절대로 달성할 수 없다'라며 포기한다.

3. 자기 이미지가 극단적으로 낮다 : 지나치게 열등감이 큰 경우에는 하려는 마음이 애초부터 생기지 않는다.

이러한 부정적인 유형을 지워버린다면 의욕도 되살아날 수 있다. 잘하려는 의욕을 되살리기 위해서는 '내부로부터 일어나는 자발적인 동기'가 필요하다. 그런데 본인 스스로 자발적인 동기를 발견할 때까지 기다려준다면 그야말로 몇 년이 걸릴지 알 수 없다. 심리학적 관점에서는 올바른 접근이지만, 현장에서 즉각 활용하여 수익을 내야 하는 기업 입장에서는 그다지 좋은 방법이라고는 할 수 없다.

그러면 의욕을 빠르게 되살릴 수 있는 좋은 방법은 무엇일까? 상대방에게 '혼란'을 일으킴으로써 의욕을 불러일으키는 방법에 대하여 자세히 설명하고자 한다. 사람들은 '불확실한 것'에 대해서 질색한다. 예를 들어서 과학으로 설명할 수 없는 불가사의한 일은 불확실한 요소이기 때문에 그것을 규명하려고 온갖 노력을 기울인다.

'영적인 존재는 있는 것일까?'

'있을까? 없을까?'로 표현되는 논의는 원래부터 진실을 파악할 수 없는 헛된 논쟁일 수밖에 없다. 그런데도 과학의 힘으로 해명하려고 노력을 기울인다. 예를 들어, 양자역학의 관점에서 영적인 존재에 대해서 규명하려는 노력이 좋은 예이다. 결론을 얻지 못할 것이 확실하지만 불확실한 것을 해결하려는 노력은 끊임이 없다.

2005년에 미국 캘리포니아에서 신행된 실험에 따르면 불확실한 것과 맞닥뜨린 인간의 뇌는 호랑이나 사자에게 급습당한 것과 똑같은 반응을 일으킨다고 한다. 이런 현상만으로도 인간이 왜 불확실한 것을 싫어하고 확실한 것을 좋아하는지 짐작할 수 있다.

지금까지 설명한 인간의 속성에 미루어 보면 사람에게 뭔가 하려는 의욕을 불러일으킬 수 있는 가장 간단하고 실효성 있는 방법은 '불확실한' 감정이다. 불확실한 감정을 확실한 것으로 바꾸려고 노력함으로써 의욕이 생기기 때문이다.

특히 의욕이 없을 때 발견되는 패턴 1의 '목표가 보이지 않는다'라는 유형은 불확실한 것을 제시함으로써 명확히 해결할 수 있다. 또한 사전에 간단한 제안이나 해결책을 준비해두는 것이 더 좋은 효과를 내는 방법이다. 예를 들어서 지나치게 높은 목표를 설정하고 있는 경우에도 여러 단계로 나누어서 세부적인 목표를 가질 수 있도록 하고, 단계마다 간단한 제안을 주거나 해결책을 제시함으로써 목표에 도달할 수 있도록 이끌어주는 것이다. 이것이 가능해지면 자동으로 패턴 3의 최악의 상태인 '자기 이미지'를 높이려는 마음이 생기면서 의욕이 저하된 상태에서도 빠져나오게 된다.

상대방의 의욕을 살리는 한 가지 방법이 '캐릭터 고정화'라는 기법이다. 2004년에 스탠퍼드대학교에서는 미국 대통령 선거 유권자들에게 2가지 유형의 질문을 던지는 실험을 진행했다.

1. 투표에서 표를 찍는다는 것은 당신에게 어느 정도 중요합니까?

2. 투표에서 투표자가 된다는 것은 당신에게 어느 정도 중요합니까?

이 질문은 내용에 있어서 동일하다. 동사 '표를 찍는다'와 명사 '투표자'가 된다는 차이만 있을 뿐이다. 그런데 결과는 명사 형태로 질문을 받은 그룹이 투표소에 나가는 비율에서 11% 더 높이 나타났다. 명사는 동사보다 더 확실하게 인간의 아이덴티티를 인지시켜 준다. 표를 찍는다는 말은 그저 움직임 또는 행동이어서 최종적으로 '행동을 함'에 이르지 못한 데 비해서 투표자라는 말은 마음속에서 명확한 캐릭터를 생성한다. 그리고 마음속에 고정된 자신의 캐릭터를 따르기 위한 의무감도 생겨나는 것이다.

결론적으로 뭔가 하려는 마음이 없는 부하에게 '포지티브 맨

(positive man)'이라는 별명으로 캐릭터를 고정함으로써 의욕을 북돋울 수 있다. 무슨 일이 있을 때마다, "와, 과연 뭔가 하려는 의욕이 넘치는 포지티브 맨이야! 이번에도 잘 부탁하네"라고 반복하여 말해주면 마음속에 포지티브 맨이라는 자신의 캐릭터를 고정시킨다. 그 말은 마음 또한 포지티브한 상태로 변화시키기 때문에 의무감이 생기고 실제로 포지티브하게 의욕을 발휘하는 현상을 나타낸다.

말해도 듣지 않는 부하직원을
순순히 따라오게 만드는

데드 이미지 *Dead Image*

매스컴에서 알려주는 많은 뉴스를 보면 행복한 사건보다 불행한 사건이 압도적으로 많다고 느끼지 않는가?

인간의 불행이 달콤한 유혹이라는 말이 생길 정도로 불행한 사건이 텔레비전 시청률을 올리는 데 훨씬 효과적이다. 다른 사람의 불행을 보다 보면 자기가 행복한 상태에 있다고 느끼게 된다는 말을 들어본 적이 있을 것이다. 틀린 말은 아니지만 절반은 다르다고 말할 수 있다. 그것은 모두 다가 아니라는 뜻이다.

이것은 '세뇌'의 세계라고 할 수 있다. 이 이론을 주장하는 사람들은 뉴스 프로그램이 국가가 지향하는 방향으로 국민을 온순하게 따르도록 만드는 일종의 전략이라고 설명한다. 그리고 죽음이나 불행의 이미지를 삽입하는 것은 아주 중요한 요소이다.

그렇다면 왜 그런 '죽음 이미지'가 상대방을 온순히 따르게 하는 데 도움이 될까? 심리학에서는 공포관리이론(terror management theory)으로 설명하고 있다. 사람은 죽음에 대한 공포를 느끼기 때문에 다른 사람의 죽음에 관한 뉴스를 보기만 해도 매우 심한 동요를 느끼게 되고, 그 결과로 규칙에 더 잘 따라야겠다는 의식이 생겨난다. 미국의 스키모어대학(Skidmore College)의 솔로몬 박사가 발표한 실험 결과에 의하면 죽음을 의식한 인간의 마음속에는 다음과 같은 변화가 생겨난다고 한다.

- **소속되어 있는 조직의 규칙을 따르려는 기분이 강해진다.**
- **소속되어 있지 않은 조직에 대해서 공감 능력이 약해지고 적대심이 증가한다.**

다시 말해서 규칙에 따르게 만드는 가장 간단한 방법은 '죽음' 이미지를 포함하는 것이다. 예를 들어, 당신이 기부에 참여한다고 가정해보자. 금액은 얼마라도 상관없다. 다음 두 가지만의 모금 캠페인이 있다고 할 때 어느 쪽에 기부금을 내겠는가? 물론 각각의 경우에 특별히 사적인 관련은 없다는 조건이다.

1. 난민을 도와줄 목적으로 피난소에 학교시설을 만들기 위해 모금합니다. 많이 동참해주시기 바랍니다.

2. 전쟁으로 매일 30명의 아이가 죽어나가고 있습니다. 고통 속의 아이들에게 연민을 베풀어주기를 눈물로 호소하니 도움의 손길을 보내주십시오. 부디 기부에 동참하기를 간절히 부탁드립니다.

아마도 2번 캠페인에 기부금을 보내고 싶은 생각이 들었을 것이다. 무슨 이유였을까? 당신의 마음속에 죽음 이미지가 확실하게 옮겨졌기 때문이다.

"자네는 왜 말하는 것을 한 번도 따르지 않나? 그러면 팀 전체에 곤란을 끼치지 않겠어? 그렇다고 생각하지 않나?"

"아닙니다. 저는 이 방법이 최선이라고 생각합니다. 그래서 좋은 성과를 내기 위해서 이 방법을 사용하고 있습니다. 그것이 팀을 곤란하게 만들었다고는 전혀 생각하지 않습니다."

상황이 이렇게 되면 서로 교착상태에 빠져서 일보 진전하는 것이 어렵다. 상사와 부하의 신뢰 관계도 자연히 나빠지게 된다. 이런 상황에 데드 이미지(Dead Image) 테크닉을 사용한다면 양상이 달라질 것이다.

"자네의 방식으로 일을 풀어가고 싶어 하는 마음은 알겠어. 그래서 결과가 나오면 나도 뭐라고 말하지 않아. 그러나 이번 문제는 내 말을 들었으면 좋겠어. 과거에 자네 같은 방법을 사용하던 부하직원이 있었어. 당시 팀장이 아무 말도 하지 않고 있었던 거야. 그 결과 팀에 커다란 손해를 끼쳤어. 팀장은 책임지고 사표를 썼지. 그것으로 끝이었으면 괜찮은데 그렇지 않았어. 회사를 그만둔 팀장은 가족을 부양하지 못하게 되면서 일가족이 뿔뿔이 흩어졌고, 상황을 비관한 그 팀장은 결국 목숨을 끊었고…. 자네가 원하는 방법대로 해나가려는 의지는 잘 알겠는데, 틀림없이 자신이 있겠지? 한 번의 실수로 인해서 주변 사람을 '죽음'으로 몰고 갈 수도 있다는 것을 잘 생각해보기 바라네."

이런 말을 듣고도 부하직원이 자기가 하고 싶은 방법대로 하려는 주장을 굽히지 않을까? 오히려 상사의 의견과 타협하는 쪽으로 방향을 바꾸는 것이 현실적 상황과 더 맞다. 데드 이미지는 그 정도로 강력하다. 죽음이 만든 이미지는 자기가 속한 팀이나 조직에 공헌해야겠다는 마음을 싹트게 하면서 한편으로는 자신의 자아를 억누르는 효과가 있다.

No.18

의지할 수 있는 상사로서
인정받고 싶다면

체화된 인지 *Embodied Cognition*

"부장님이 하는 방법은 별로여서 정말 시간만 아깝다니까."

"장담컨대 내가 일을 잘할 수 있는데도 믿어주지 않으니, 다른 부서로 가고 싶어."

이런 대화는 직장 부근의 술집에서 종종 들을 수 있는 말이다. 만약 당신이 직장의 상사라면 반드시 부하직원이 의지할 수 있는 상사가 되어야 한다. 반대로 의지할 수 없는 상사로 인식되고 있다면 직원들의 술자리 뒷담화 소재로 끊임없이 등장할 것이다.

괄목할만한 실적을 바탕으로 진급하여 관리자가 되었다면 그런대로 큰 문제를 겪지는 않을 것이다. 그러나 만약 별다른 실적조차 없는 상태에서 관리자 위치로 진급했다면 상당히 어려운 문제에 직면하게 될지도 모른다. 그럴 때 적절하게 사용할 수 있는 테크닉이 '체화된 인지(Embodied Cognition)'이다. 이는 '무의식적으로 몸에 익혀진 인지가 실제로 의미 있는 행동으로 나타난다'라는 뜻이다.

예를 들어서 모두 따뜻한 커피를 마시면서 상담을 진행하면 '참가자들이 서로 성격이 좋다고 느낀다'라는 식이다. 이스라엘의 텔아비브대학교(Tel Aviv University) 심리학과 교수인 다르마 노벨이 심리학의 대변혁이라는 생각에서 시작된 연구이다. 여러 실험에서 발견된 체화된 인지의 사례를 보면 다음과 같다.

- 시험 기간 중에 붉은색을 보면 성적이 나빠진다.
- 협상할 때 앉은 의자가 얼마나 딱딱한지에 따라 다른 결과가 나타난다.
- 심리적으로 무게감을 느낀다면 실제로도 체중이 늘었다고 느낀다.

사람들은 자신이 겪었던 인지에 따라 실제로 몸으로도 똑같이 느낀다는 사실이다. 2010년에 미국의 하버드대학교(Harvard University)에서 시행한 실험을 보면, 취업 면접에 임하는 54명의 학생에게 협력을 구해서 다음의 3가지 그룹으로 실험을 진행했다.

1. 이력서를 가벼운 클립보드에 끼워서 면접관에게 건넨 그룹

2. 이력서를 그냥 면접관에게 제출한 그룹

3. 이력서를 무거운 클립보드에 끼워서 면접관에게 건넨 그룹

면접이 끝난 후에 면접관들에게 어느 그룹의 인상이 가장 좋았는지 질문했다. 결과는 이력서를 무거운 클립보드에 끼워서 제출한 3그룹이 가장 좋은 인상을 받았다. 면접관들은 그들에게서 '진실할 것 같은 인상'을 받아서 좋았다고 응답했다. 결과적으로 사람은 상대와 매개되는 물건의 촉감에 따라 상대에 대한 판단이 달라진다는 사실을 알 수 있었다.

실험에서 판단한 반응이 인상에 대한 것이었기에 '진실할 것 같은'이라는 결과가 나왔지만, 대화에서의 커뮤니케이션 정도에 대한 반응을 물었다면 다른 결과를 얻었을 것이다. 예를 들면, 서로 대화를 나누는 경우에는 무겁고 견고한 것을 들고 대화를 나누면 상대에 대해서 '무겁다'라는 인상을 느끼게 된다. 반대로 부드러운 것을 만지면서 대화를 하는 경우에는 상대방의 말투나 태도가 '부드러운 사람'이라고 느낀다.

직장에서 부하직원과 대화하는 상황을 가정해보자. 대화 내용은 인사이동에 관한 것이다. 만약 당신이 딱딱한 의자에 앉아 있다면 상대방은 무언가 위화감을 느낄 것이다. 반대로 부드러운 의자에 앉아 있다면 상대방은 말투나 태도에서 부드러움을 느끼고 신뢰하게 될 것이다. 신뢰감이 있으면 인사이동을 수긍하고 받아들이지만, 위화감을 느낀다면 마음속으로 인사이동을

납득할 수 없어 반발심을 표출한다.

정말로 그렇게 간단한 요소만으로도 상대를 움직일 수 있다는 것을 의심할지도 모른다. 그러나 이미 여러 연구 결과에서 사실로 밝혀진 내용이다. 그렇기 때문에 당신이 상사라면 직장에서 꼭 '무거운 것'을 준비해야 한다. 서류 등을 부하에게 건넬 때는 무거운 클립보드에 끼워서 건네는 것이 좋다. 만약 보드를 사용힐 수 없을 때라면 약간 무거운 종이를 사용해도 괜찮다. 무거운 것을 사용함으로써 상사로서의 당신의 무게감이 증가하고 신뢰할 수 있는 사람이라는 인상을 심어줄 수 있다.

'체화된 인지'의 유형 중에는 상대방의 감정을 컨트롤하고 인상을 조작하기 위해서 붉은색을 사용하는 규칙이 있다. 상대에게 이성적 감정을 불러일으키려는 목적이나 스포츠에서는 사용하지만, 아랫사람에게 지시할 때에는 사용하지 않는 것이 좋다. 교육과 관련해서도 마찬가지다. 호주 퀸즐랜드주의 30여 개 학교에서는 붉은색으로 채점하는 것을 금지하고 있다.

속마음을 드러내지 않는
부하직원의 거짓을 밝히는

리드 테크닉 *Lead Technique*

'거짓을 알아채는 방법'이라는 세미나가 개최되었는데, 대부분
의 강사는 전직 형사였다.

세미나에 참가한 사람들은 형사 생활을 하면서 다양한 범인
의 거짓을 캐냈기에 당연히 거짓을 알아채는 방법도 잘 알고 있
을 것으로 생각했다. 그러나 이것은 권위주의 시대로부터 이어
온 그릇된 인식일 뿐이다. 형사라고 해도 거짓을 간파할 수 있
는 것은 아니기 때문이다. 언젠가 전문 심문관과 초보자를 대상
으로 실험한 적이 있다. 그런데 거짓을 알아채는 능력이 두 사
람 모두 비슷하게 나타났다. 사람을 심문하는 전문가였지만 거짓
을 알아채는 일에는 초보자와 크게 차이가 없다는 결론이었다.

잠깐 생각해 보면 알 수 있는 사실이다. 죄를 지은 사람은 자신의 죄를 감추려고 거짓말을 만들어낸다. 거짓말을 한다는 사실이 전제된 상황이기 때문에 굳이 거짓을 알아채야 할 필요가 없다. 처음부터 거짓말을 만들어내는 것을 알고 있기 때문에 알아채는 것이 아니라 그저 거짓말에 따르는 모순을 밝혀낼 뿐이다. 즉 형사라도 '거짓을 알아채는 방법'은 모른다. 다만, 그들은 '거짓을 밝혀내는 것'은 가능하다.

형사들이 주로 사용하는 방법은 '리드 테크닉(Lead Technique)' 이다. 리드 테크닉이란 간단하게 말하면 상대방에게 적극적인 질문을 던짐으로써 모순점을 찾아내어 거짓을 밝혀내는 방법이다. 현재까지도 형사들이 주로 사용하고 있는 기법으로 직장에서는 '속마음을 드러내지 않는 부하직원들의 거짓말'을 간파해 내는 기법으로 활용할 수 있다.

직장에서 상사와 부하직원 간의 대화를 예로 들어보자.

"L씨, 그 프로젝트의 진행이 어떻게 되어가나요?"

"예, 특별한 문제는 없습니다. 제대로 잘 진행되고 있습니다."

"그래요? 그럼, 어디까지 진행되었나요?"

"에? 아…. 그게… 거래처에 연락을 취해놓고 있는 상태로 아직 회신받지 못한 상태입니다. 지금 기다리고 있는 상황입니다."

"그래요? 그럼 연락이 오면 나에게도 바로 공유해주세요."

"네, 알겠습니다."

사실 이 부하직원은 아직 거래처에 연락하지 않은 상태이다. 그렇지만 이 대화에서는 부하직원의 거짓말을 간파한다는 것은 불가능하다. 그리고 대화의 이면에는 부하직원에 대한 믿음이 깔려 있다. 리드 테크닉은 처음부터 '의심'을 전제로 하고 대화를 이어가는 것이다. 일반적인 대화와 이런 차이가 있음을 이해해야 한다.

　"L씨, 그 프로젝트의 진행이 어떻게 되어가나요?"

　"예, 특별한 문제는 없습니다. 제대로 잘 진행되고 있습니다."

　"특별히 문제가 없다고요? 그 프로젝트는 L씨 책임으로 진행하고 있는 거죠? 어디까지 진행되었는지 관련 문서를 보여주세요."

　"앗, 아니요…. 아직 문서로 진행된 것이 없습니다만…."

　"뭐라고요? 아직 작성된 문서가 없다고요? 매일매일 진행 상황을 체크하고 보고하는 것이 당연하지 않나요? 그러면 구두로라도 어느 정도 진행되고 있는지 설명하세요."

　"예, 실은 거래처에 연락해서 지금 회답을 기다리고 있습니다."

　"그래요? 전화는 언제 걸었나요?"

　"아, 어제요."

　"어제 몇 시요?"

　"아…, 확실하지는 않지만, 오후 2시쯤인 것 같은데요."

　"오후 2시라고요? 어제 오후 2시에는 미팅이 있지 않았나요?"

　"앗, 미팅이 끝나고 나서 바로였다고 생각합니다만…."

"그럼 이쪽에서 연락해볼까요? 서둘러 재촉하는 것이 좋겠어요."

"앗, 아니, 그게 아니고…."

이후부터 어떤 상황이 전개될지는 쉽게 예상할 수 있다. 상사의 태도는 처음부터 '부하직원이 거짓말을 하고 있다는 전제'에서 시작하여 대화를 이어가고 있다. 거짓말을 하고 있음을 전제로 이야기하는 경우에도 일을 완벽하게 처리한 부하직원이라면 대답이 딩딩하고 확실하다. 그러나 거짓말하는 경우라면 전체적으로 태도가 부자연스럽고 내용도 불확실하다.

심문하는 사람이 리드 테크닉을 사용하면 상대의 거짓말이라고 밝혀낼 확률이 97%에 달한다는 사실이 실험으로 입증되었다. 형사처럼 전문적인 심문자는 물론이고 초보자라도 이 테크닉을 쓰면 상대방의 거짓말을 간파할 수 있다.

부서를 결집해서 팀워크를 상승시키는

싱크로 *Synchro* **행동**

조직에 속해 있으면 예외 없이 다른 사람과 팀을 이루어 일해야 한다.

따라서 그 팀의 부하직원들을 결속시키는 상사의 역할이 매우 중요하다. 부하직원 간에 다양한 인간관계가 만들어지고 여러 가지 문제도 일어나는 것이 현실이다. 상사로서는 스트레스를 받을 수밖에 없다. 그리하여 상사들은 '어떻게 하면 팀을 하나로 결집하도록 동기 부여할 수 있을 것인가?'라는 질문을 끊임없이 던지게 된다.

이런 문제로 고민하는 상사들에게 '싱크로(Synchro) 행동'을 이용하기를 추천한다. 2011년에 미국의 스탠퍼드대학교 그레고리 월튼(Gregory Walton) 박사는 연령을 제각각 달리하여 그룹을 나눈 후에 '어떻게 하면 팀의 생산성과 동기 부여를 잘할 수 있을까?'를 알아보는 실험을 진행했다.

실험 결과 특정한 팀이 특별히 우수하게 생산성을 향상시켰다. 그리고 월튼 박사팀이 그 원인을 밝혀낸 것은 아주 간단한 사실이었다. 특출나게 생산성을 향상시킨 팀은 연령이 다양했지만 모두 같은 대학 출신으로 구성되어 있었다. <u>팀 구성원 전원에게 무언가 공통된 부분이 있으면 팀 전체의 의욕은 물론이고 생산성도 확실하게 높일 수 있다는 사실을 확인한 것이다.</u>

페이스북에서 친구 신청을 했다거나 같은 고향이라는 것 등을 확인하는 순간 친밀감이 증가하고 공통되는 이야기를 주고받으면서 순식간에 친밀한 관계를 형성하는 상황을 쉽게 볼 수 있다. 이런 상황을 심리학에서는 '귀속의식(歸屬意識, belongingness)'이라고 한다. 아마 당신도 이런 경험이 있을 것이다. 이 의식을 팀에 적용하면 팀이 저절로 성장해 가는 것을 쉽게 볼 수 있다. 먼저 당신 팀의 부하직원에게 다음과 같은 과정을 거치는 것이 필요하다.

1. 부하직원들의 공통점을 찾는다.
2. 공통점을 찾았다면 그 공통점을 서로 드러내도록 하여 귀속의식을 높인다.
3. 공통점이 없는 경우에는 공통점을 만들어낸다.

조직은 다양한 사람이 모인 집단이기 때문에 의외로 공통점이 없는 경우가 많다. 그렇기 때문에 3의 과정이 중요한 작업이다. 구체적으로 어떤 공통점을 만들면 좋을 것인가? 좋은 사례 중의 하나는 '공통의 적'을 만드는 것이다.

예를 들어서 조직 내에는 우리 팀 외에 다른 팀도 있다. 경쟁 팀에 이겨야 한다는 사실을 팀원 전원에게 주지시킨다. 그것만으로도 팀의 의욕이 살아나고 집중력이 높아진다. 무엇보다도 경쟁 팀과의 승리에서는 당연히 더 높은 생산성이 뒤따른다. 이런 상태에 도달하면 상사가 하나하나 지시하지 않아도 팀 전원이 결과를 내고 있기 때문에 신바람이 난다. 게다가 이 귀속의식만 높여주면 돈이나 다른 보상이 없는 상태에서도 팀의 동기부여가 높아진다.

"여러분들이 해야 할 것은 한 가지뿐입니다. 영업 2팀만은 무조건 이겨야 한다는 것. 그것 한 가지뿐입니다."

이 내용을 팀 전원에게 주지시키고 당신은 배후에서 전략의 주요 포인트를 제시하면 된다. 이때 반드시 보여줘야 하는 것은 '당신이 의욕 넘치게 일하는 상사'라는 사실이다. 아무리 공통의 적을 만든다 해도 당신 자신이 현실에 안주하고 노력하지 않으면 효과가 없다. 팀이 아무리 훌륭해도 역량을 발휘할 수 없다는 뜻이다.

"뭐야? 우리들만 죽어라 고생하고, 팀장은 놀고 있어. 우리가 왜 이 고생을 해야 하지? 이렇게까지 일할 필요가 있어?"

　고대 일본에서 벌어진 전투에서 장수의 위치는 부대의 뒤편이었다. 그러나 싸움이 시작되면 장수는 반드시 선진을 가르고 앞으로 나와서 적진을 향해 달려 나갔다. 만약 그렇게 앞장서는 리더십 없이 병사들에게만 싸움을 맡긴다면 아무도 죽기를 각오하고 싸우지 않을 것이다. 앞에서 이끌어주는 장수가 있어야만 싸움에서 승리할 수 있다. 이런 행동을 '싱크로 행동'이라고 한다. 이것은 효과가 대단히 빠르게 나타나는 테크닉이다.

No.21

쉽게 말을 걸 수 있는 상사로 인정받는

노말 토크 *Normal Talk*

"부장님은 어떻게 해서 지금 자리에까지 오르셨나요?"

"입사해서 1년째는 악착같이 선배들에게 필사적으로 배우고, 술 마시고, 매일 같이 욕먹으며 열심히 일하면서 여러 가지를 터득했지. 집에는 겨우 눈 붙이러 들어가는 정도였고. 매일같이 열심히 노력하다 보니 이 자리까지 오게 되더라고."

"역시 대단하십니다. 잘 배웠습니다."

당신은 이런 대화를 나누고 부하직원의 질문에 즉시 명쾌한 답을 해주는 상사라고 생각하는가? 그러나 대개 부하직원은 당신의 이야기를 진지하게 경청하지 않는다. 좀 더 솔직하게 말하면 부하직원의 마음속에는 '당신 일이야 아무려면 어때'라고 생각할지도 모른다. 질문이란 그저 시간을 보내기 위해서 별다른 뜻 없이 던진 것으로, 특히 술자리에서 쉽게 볼 수 있는 광경이다.

섭섭하게 들릴지도 모르지만, 부하직원의 마음속에 있는 사실을 정확하게 아는 것이 중요하다. 만약 당신과 부하직원 간에 앞에서 예를 든 대화 내용이 진행된다면 부하직원은 당신을 '쉽게 말을 걸 수 있는' 상사로 생각하지 않는 것이다. 쉽게 말을 걸 수 있다는 것은 신뢰할 수 있다는 증거이다. 상사로서 신뢰받는 것은 업무 관계를 효과적으로 수행하기 위해서 대단히 중요한 요건이다.

그럼 어떻게 하면 쉽게 말을 걸 수 있는 상사로 인정받을 수 있을까? 미국의 하버드대학교에서 발표한 흥미로운 결과가 있다. 실험 참가자들이 유명한 영화를 관람하고 그 내용을 다른 참가자에게 이야기해주는 실험이었다. 그런데 영화를 보지 못한 사람보다 이미 영화를 본 사람에게 이야기할 때가 내용에 대한 설명이 풍부해지고 말하는 사람에 대한 신뢰도가 훨씬 높다는 결과가 나왔다. 다시 말하면 영화의 내용을 모르는 사람에게 이야기하는 경우에는 상대가 따분하게 느끼거나 영화의 감동을 공유하기 어렵다는 뜻이다.

당연한 결과라고 생각할 수도 있겠지만 직장의 상황에 적용하여 생각해보자. 상사는 자신의 이야기가 부하직원에게 도움이 될 것으로 생각하는 경향이 있다. 그러나 부하직원에게는 상사의 이야기가 '모르는' 이야기이기 때문에 흥미를 느낄 수 없는 것이 당연하다. 그래서 '노말 토크(Normal Talk)' 테크닉이 필요하다. **노말은 '보통', 토크는 '이야기'이다. 즉 '보통의 이야기를 나누라'는 뜻이다.**

앞에서 예를 든 대화에서처럼 부하직원에게는 재미있지도 않고, 그저 '열심히 하겠습니다'를 반복하여 강요하는 이야기라면, 부하직원은 마음속으로 '언제 끝나나? 빨리 끝났으면 좋겠다', '말이 끝이 없네'라고 생각하면서 지루함을 느낀다. 따라서 이야기를 이렇게 변화시켜서 말해보자. 부하직원의 입장에서 생각하는 것이 좋다.

"부장님은 어떻게 해서 지금 자리에까지 오르셨나요?"

"아, 내 포지션? 이 자리는 맨날 긴장의 연속이야. 그런데 K씨는 무슨 스포츠를 좋아해?"

"저는 학생 때부터 암벽타기를 했어요."

"그래? 로프 없이 암벽 타는 볼더링(bouldering)을 한다니 멋있는데? 그건 체중이 많이 나가면 하기가 어렵겠지? 한번 도전해보고 싶긴 한데…."

"아닙니다. 체중은 그다지 상관없어요. 중요한 건 밸런스라서 단단히 바위를 잡는 요령을 터득하면 됩니다."

"그런가? 지금까지 가장 높이 올라간 건 얼마나 되나?"

"예, 약 200m입니다."

"200m나 올라갔어? 대단한데? 한 발 한 발 내디뎌서 올라가는 느낌이 좋을 것 같아."

"성취감이 최고죠."

"그렇겠지. 우리 일도 마찬가지야. 한 발 한 발 앞으로 나아가다 보면 반드시 위에 다다르게 되어 있거든."

앞의 대화와 '종착점'은 같다. 그러나 부하직원의 입장에서 보면 이런 상사만큼 쉽고 편하게 대화할 수 있는 상사도 없을 것이다.

상대방의 흥미나 취미와 관련된 내용을 끌어들여서 대화를 확대하는 기법이 매우 중요하다. 가족과 관련된 것을 제외하면, 인간은 기본적으로 자기 일을 가장 중요시하는 생명체이다. 따라서 자기 일을 쉽게 말할 수 있는 상황이 되면 상대방을 쉽게 말을 걸 수 있는 사람이라고 생각할 것이다. 대화에 끌어들이기 좋은 것은 상대방이 즐기는 스포츠, 문화계통의 아트 활동이나 영화 관련 소재 등이다. 흥미 있는 분야의 여러 가지 이야기를 교차하여 상대가 앞으로 도전해보고 싶은 장르에 대한 이야기를 펼치는 것도 좋다.

따라서 부하직원으로부터 질문을 받으면 그가 흥미 있어 하는 화제로 바꾸고, 마지막에 당신이 하고 싶은 메시지를 전달하면 된다. 주의할 것은 일방적으로 당신의 일이나 생각만을 집중적으로 쏟아내는 설교를 하지 않아야 한다. 상대가 잘 알고 있는 소재로부터 대화를 풀어나가는 것이 노말 토크의 핵심이다.

잘못된 실수 지적이 큰 문제를 불러오는

사회적 증명

"자네는 프로젝트 진행에서 자신이 어떤 위치에 있는지 생각한 적이 있는가? 모든 사람은 필사적으로 일하고 있는데… 자넨전혀 결과를 내지 못하고 있잖아?"

"아니…, 모두 다 똑같이 필사적으로 노력하고 있는데…."

상사로부터 이러한 느낌의 말을 들은 부하직원은 틀림없이자신감을 잃게 된다. 비즈니스의 세계는 엄격해서 과정보다 결과가 매우 중요하다. 물론 그것이 현실임은 틀림없지만, 정말로노력하고 있는 상황에서 이런 말을 듣게 되면 그저 묵묵히 참을수밖에 없다.

상사가 하는 이런 말 때문에 부하직원은 자신감을 완전히 잃어버린다. 상사의 말속에 어떤 사회적 증명의 지뢰 키워드가 숨겨져 있기 때문이다. 이 경우에는 '모두가 필사적으로'라는 말이 해당된다.

'사회적 증명'이란 개인의 타당성을 증명하는 것을 가리킨다. 인간은 집단 속에서 자신을 지지하는 의견이 전혀 없으면 자기 의견의 타당성에 의문을 느낀다. 즉 '내가 착각하고 있는 것인가?'라고 느끼는 것이다. 그러면서 자신의 의견을 배제하는 것이 보통이다. 그러나 자기를 지지하는 의견이 하나라도 있다면 상황이 달라진다.

예를 들면, 내가 싫어하는 상사가 있는데 아무도 그에 대해 반대 의견을 말하지 않으면 나 스스로 어딘가 미숙해서 그 상사를 싫어하는 것으로 생각하게 된다. 그러나 동료나 선배 중의 한 명이라도 "나도 그 상사는 싫다"라고 한다면, '아, 역시 내가 잘못 생각한 게 아니었어. 다른 사람도 싫어하잖아'라며 안심하게 된다. 이것이 일반적으로 설명되는 사회적 증명이다.

한편 상사가 부하직원에게 무언가 지적할 때에도 사회적 증명을 생각하면서 충분한 주의를 기울여야 한다. 상사가 사회적 증명을 망각하고 멋대로 말하면 이후에 더 큰 문제가 발생한다. 부하직원은 자신감을 잃어버리고 의욕마저 꺾이는 결과를 초래한다.

그렇다면 어떻게 지적하는 것이 좋을까? 정답을 찾아보자.

"이 프로젝트에서 자네는 어떤 위치에 있다고 생각하나? 각자의 포지션에서 하는 일이 다른 것은 사실이야. 그래도 빠른 결과를 얻기 위해서는 차바퀴가 아귀가 맞아 돌아가듯이 진행되어야 하는데, 지금은 그렇지 못한 것 같아. 물론 자네가 필사적으로 노력하고 있다는 것은 보고 있으니까 잘 알지. 단 조금만 더 스피드를 내면 좋지 않을까? 잘 될 거야. 모두가 기대하고 있으니까. 잘 부탁해."

만약 당신이 부하직원이라면 이런 말을 들었을 때 어떤 느낌을 받을까? 그리고 마지막의 '지뢰 키워드'가 들어 있는 말을 듣는다면 앞의 대화와의 차이를 확연하게 느낄 수 있지 않은가? 여기서 지뢰 키워드는 '모두가 기대하고 있다'라는 것이다. 이 키워드는 이른바 사회적 증명의 긍정적인 키워드로서 말 그대로 모두가 기대하고 있는 기분을 느끼도록 해 준다.

사회적 증명 테크닉을 사용해서 부하직원과의 관계가 좋아지는 방법을 하나 더 소개한다. 특히 여성 직원에게 효과가 좋은 방법이니 꼭 활용해보기 바란다. 상사가 남성이라면 여성 직원을 대하기가 쉽지 않은 게 사실이다. 남자 직원과는 어딘가 다르게 느껴지기 때문에 실수를 지적해도 어느 선까지 해야 하는지 쉽게 알기 어렵다. '혹시라도 말이 지나쳐서 마음에 상처를 입는 것은 아닐까?', '파워 하라 취급을 당하는 것이 아닐까?' 등등의 생각이 머리를 복잡하게 만든다.

하지만 대부분의 경우에 여성들은 빈틈이 없을 뿐 아니라 남성들이 생각하는 정도로 약하지 않다. 겉으로는 우는 얼굴을 보이지만 의외로 마음속으로는 그렇지 않은 경우가 많다. 그리고 아주 냉정하게 호시탐탐 상사의 약점이 어디 있는지를 관찰한다. 그렇기 때문에 여성 직원에게 실수를 지적하는 남자 상사는 감정적이지 않아야 한다. 냉정하고 분명하게 지적하는 것이 좋다. 그렇지 않으면 여러 가지 약점을 잡혀서 문제가 될 수 있기 때문에 충분히 주의를 기울여야 한다.

그럼 여성 직원에게 하는 지적은 어떻게 하면 좋을 것인가?

"J씨는 이번 일에 아직 아무 진척이 없는 것 같아요. 혹시 힘껏 하고 있는데도 그렇다면 나랑 상담을 좀 할까요? 일이 잘되도록 지원해주고 싶네요. 모두를 신뢰한다면 무언가 도와주고 싶으니까 언제라도 필요할 때 말하세요. 모두 협력하여 협조할게요."

여성에 대한 언어 표현 방법이 약간 다르다는 점을 느낄 수 있는가? 먼저 열심히 노력하고 있는 것 자체를 '인정'해준다. 그리고 공감하고 도와줄 체제가 갖추어져 있다는 것을 알려주고 있다. 상담해줄 사람이 여기 있다는 것을 알려서 '안심시키기', 모두 협력하여 목표를 달성하자는 '집단의식'도 알려주고 있다. 여성 직원에게는 마음으로부터 우러나는 안심할 수 있는 사회적 증명을 말해주는 것이 방법이다.

요즘은 예전과 달라서 엄격하게 하면 부하직원이 숨죽이며 따라오던 시대가 아니다. 남성 직원과 여성 직원에게 각각 어울리는 언어표현을 사용함으로써 더욱 품격 있게 지적하면 효과가 높아진다.

일하는 목적을
깨우쳐주고 싶을 때 사용하는

맥클리랜드 *McClelland* **욕구 이론**

당신이 지금 직장에서 관리자로 성공해 있다면 아마도 더 높은 자리에 올라 출세하기 위해서 온갖 힘을 쓰고 있을지도 모른다.

출세를 지향하는 것은 출세하는 것에 큰 의미를 두었던 세대에 태어났기 때문이라고 말할 수 있다. 현대의 많은 젊은이는 출세 따위는 안중에도 없다. 한 치 앞이 보이지 않는 장래에 불안을 느끼면서 미래에 대해 기대하지 못한 채 살아가고 있다. 그런 젊은이들이 지금 회사에 입사해 있는 당신의 부하직원들이다.

그런 직원에게 '출세하면 더욱더 안락한 생활을 할 수 있다'라거나 '노력하면 정말 많은 것을 얻을 수 있다'라고 말해도 아무런 감흥이 없다. 젊은이들은 생활하는 것 자체가 버거워서 앞으로 뭘 하면 좋을지조차 알 수 없는 상태이다. 상사인 당신의 시대와는 완전히 다르다.

그런 부하직원과 함께 일해야 하는 상사는 어떻게 처신해야 좋은가? 일하는 목적조차 없는 부하직원에게 목적을 갖게 만드는 것은 그리 어려운 일이 아니다. 부하직원의 '욕구'를 자극해 주면 된다.

미국의 심리학자 맥클리랜드(David C. McClelland)가 주장하는 '욕구 이론'이 있다. 욕구 이론에서는 인간에게 동기 부여하는 중요한 욕구 4가지로 '성취', '권력', '친화', '회피'를 꼽고 있다.

맥클리랜드의 욕구 이론에 따르면 현대 젊은이들의 행동 양식은 '회피 욕구'에 해당한다. 현재 상태에서는 아무리 일을 해도 현실에서 벗어날 수 없다는 회피 욕구가 작동한다. 그것이 "요즘 젊은이들은 근성이 없다"라고 말하는 이유이다.

따라서 회피 욕구를 다른 욕구로 대체시킨다면 좋은 효과를 볼 수 있다. 즉 '성취 욕구'를 심어줄 수 있다면 업무를 수행할 때 매우 신나게 일하게 된다. 성취 욕구란 성공에 대한 보수보다 '내가 무엇인가를 성취해 가고 싶은 욕구'가 있기 때문에 노력함으로써 더 좋은 성과를 얻을 수 있도록 일하는 것이다. 성과가 좋아지면 일도 효율적으로 하게 된다. 더 나은 성과를 달성하고 싶다는 희망도 품는다. 그래서 성취 욕구가 부하직원의 마음속에 자리 잡아야 한다.

성취 욕구를 가진 사람들의 특징은 다음과 같다.

- **중간 정도의 리스크를 좋아한다.**
- **자기 진보나 발전에 큰 관심을 가지고 있어서 무슨 일이든지 모두 스스로 하기를 희망한다.**
- **자신의 행동 결과에 대하여 곧바로 피드백 받기를 원한다.**

여기에서 특히 중요한 것은 '중간 정도의 리스크를 좋아한다'이다. 사실 대부분의 상사는 부하직원의 역량에 대해 불안감을 가지고 있기 때문에 누구나 할 수 있는 정도의 업무를 시키는 경향이 있다. 이런 경우에 자신이 느끼는 리스크는 낮다. 그러나 여러 차례 반복하다 보면 의욕이 생기지 않고 동기 부여도 되지 않는 것은 당연한 이야기다.

부하직원에게 지나치게 간단한 일을 시키는 것은 좋지 않지만, 그렇다고 갑자기 힘든 일을 던지는 것도 부담을 이기지 못한다. 이런 경우 밸런스가 매우 중요하다. 부하직원이 일하면서 조금씩 성취감을 느낄 수 있도록, 필사적으로 매달리면 성취할 수 있는 정도의 일을 부여할 필요가 있다. 상사인 당신도 중간 정도의 리스크를 맡기는 것에 공포심을 갖지 말고 무슨 일이 발생하면 곧바로 대기자가 일을 해결할 수 있도록 시스템을 갖춰

두어야 한다.

　부하직원이 중간 정도 리스크의 일을 성공적으로 처리하면서 서서히 자신감이 생기기 시작한다면 '무슨 일이든지 모두 스스로 해결하고 싶은 욕구'의 단계로 들어간다. 사실은 이 단계가 가장 위험하다. 상사에게 보고하지 않고 의논도 없이 자신이 알아서 스스로 무슨 일이든 처리하려고 한다. 이쯤에서 상사가 시시콜콜 간섭하기 시작하면 다시 아무것도 하지 않으려는 '회피 욕구'로 되돌아가기 쉽다. 따라서 상사는 조심스럽게 상황을 살펴보는 것에 머물러 있어야 한다. 이른바 '신뢰는 하지만 신용할 수 없는' 상태이다.

　이 정도에 오면 실적은 자동으로 좋아진다. '곧바로 피드백을 받고 싶어 한다'라는 상태에 이른 것이므로 반드시 업적에 대해 칭찬을 해준다. 점점 칭찬의 수위도 높여가면 좋다.

　이런 수준까지 부하직원을 교육할 수 있으면, 당신의 직원은 이미 회피 욕구에서 성취 욕구로 옮겨간 것이다. 목표 달성만 생각한다면 스스로 일하는 의미를 찾을 수 있기에 앞으로의 일은 더 이상 고민할 필요도 없다. 당신이 만약 부하직원이라도 이 '욕구 이론'을 반드시 기억하기 바란다. 인간의 본능을 자극하는 테크닉이므로 효과가 매우 크다. 직장 내에서 꼭 한 번 시도해 보길 권한다.

No.24

부하직원의 실적을 향상시키는

릴랙스 이팩트 *Relax Effect*

부하직원의 실적을 올리는 것은 상사의 책임이다.

부하직원의 능력과 관계없이 실질적인 최종 책임은 상사의 몫이다. 과거 어느 드라마에서 나왔던 대사인 '부하의 공적은 상사의 것, 상사의 실패는 부하의 책임'을 현장에서 적용하고 있는 사람들이 아직 존재하고 있는 것 같다. 하지만 현대사회처럼 다양성이 풍부해진 사회에서는 일을 선택하는 폭이 넓어져서 그런 식으로 일을 처리할 수 없는 시대이다.

과거에는 부하직원을 엄격하게 단련시키고 무리를 해서라도 실적을 올리는 경우가 많았다. 하지만 현대 사회에서 그렇게 하면 "사표 써라", "그만둬라"라고 말하는 것과 똑같은 실수를 범

하는 꼴이다. 이제부터는 자유롭고 느긋하게 일하면서 실적을 올려야 한다. 그래서 필요한 것이 '릴랙스 이팩트(Relax Effect)' 테크닉이다.

사무실이나 회사 또는 일을 하는 과정에서 반드시 쉴 수 있는 환경을 만들어주는 것이 중요하다. 특히 여성 사원에게는 릴랙스 이팩트가 매우 중요하여 이것을 필수적으로 누릴 수 있는 분야로 인재들이 몰리고 있다.

구글(google)의 오피스는 사무 환경이 매우 독특하다. 마음대로 식사할 수 있는 곳, 마실 수 있는 곳 등등 매우 쾌적한 환경이 갖추어져 있다. 이런 시설이 모두 직원들이 릴랙스 효과를 거둘 수 있도록 고안하여 설계된 것이다. 특히 스위스 취리히에 있는 구글의 오피스는 이제까지 알려진 다른 오피스와는 확실히 차별될 정도로 독창적으로 설계되어서 매우 우수한 릴랙스 효과가 있다. 사내에 당구장, 체력단련실, 마사지 숍 등이 있다. 젊은 이들이 취업하고 싶어 하는 회사 중 첫 번째로 구글을 꼽고 있다는 것을 주의 깊게 살펴볼 필요가 있다.

많은 기업에도 이런 환경이 조성되면 좋겠지만, 아직 사원을 중요시하는 의식이 세계적인 수준으로는 성장하지 못했기 때문에 미흡한 실정이다. 구글 같은 회사와 동일한 릴랙스 효과를 내기 위해서 상사는 최소한 다음의 3가지 사항을 주목해야 한다.

첫 번째는 서브리미널(subliminal)이다. 이는 잠재의식에 작용하는 효과이다. 음악으로 무의식 레벨에서 릴랙스 효과가 발휘되도록 하는 것이다. 물론 회사에 따라서는 사무실에 음악을 틀어놓는 것을 금지하는 곳도 있다. 그러나 릴랙스한 음악을 들을 수 있는지 없는지에 따라 성과는 확연하게 달라질 수 있다는 점을 인식해야 한다. 책상 위에 아주 낮은 음량으로 릴랙스 음악을 흐르게 해도 좋다. 평소에 음악을 전혀 듣지 않는 사람이라도 그의 뇌가 감지하기 때문에 효과가 나타날 것이다.

두 번째는 향기다. 예를 들어서 좋은 향기가 있는 미스트를 책상 아래 뿌리는 방법이다. 향기는 가장 빠르게 인간의 지각을 자극한다. 향수 효과는 특히 남성에게 더 강력하게 작용한다. 프랑스 브르타뉴대학(Universite Bretagne)의 심리학자 니콜라스 게강 박사는 향수를 뿌린 여성과 뿌리지 않은 여성이 남성의 앞에서 거리를 걷다가 일부러 손수건을 떨어뜨리면 뒤따르던 남성이 떨어진 손수건을 10초 이내에 주워오는지 아닌지를 알아보는 실험을 했다. 결과는 향수를 뿌린 여성의 경우는 95%가 10초 이내에 손수건을 주워왔지만, 향수를 뿌리지 않은 여성의 경우는 30%에도 미치지 못했다. 향기는 눈에 보이진 않지만, 이처럼 매력적인 효과가 있으므로 활용할 가치가 있다.

마지막은 색깔이다. 색과 심리의 관계는 특별히 설명하지 않아도 알 수 있는 내용이다. 사무실에서 가장 많이 사용되는 색은 푸른색이다. 푸른색은 심신의 흥분을 가라앉히고 감정을 억

누르는 색깔이다. 심신이 안정되면 감정에 휘둘리지 않고 냉정하게 사물을 판단할 수 있다. 푸른빛이 부교감신경을 자극함으로써 맥박과 체온을 떨어뜨리고 천천히 깊은 호흡을 할 수 있도록 해주기 때문이다. 심신이 안정되면 장시간 집중력을 갖도록 도와준다. 그렇기에 사무직이나 두뇌 노동을 하는 장소에서 푸른빛을 사용하면 효과적이다. 집중력을 흩트리지 않고, 냉정한 판단력으로 포기하지 않으며, 정확하게 일을 진척시킬 수 있게 된다. 책상에 푸른 색깔을 사용한다거나 눈에 띄는 장소에 푸른색의 작은 포스터를 붙여두기만 해도 충분히 효과를 볼 수 있다.

이런 요소들을 적절하게 실천함으로써 부하직원들이 일하는 사무실 환경을 정돈해주면 좋다. 그렇게만 해도 부하직원들은 릴랙스하며 좋은 실적을 낼 것이다.

왜 상사보다 선배가 더 신경 쓰이는 걸까?
이를 확실히 이해하면 선배를 대하는 방법도 바뀔 것이다.

제 3 장

선배보다
압도적으로 우위를
차지하기 위한
멘탈리즘

선배의 무시하는 시선을
거두게 만드는

습관 지적

'선배티를 낸다'라는 말은 있지만 '상사티를 낸다'라는 말은 없다.

조직에 속해 있으면 상사보다는 선배 쪽이 거추장스러운 존재가 되는 경우가 많다. 몇 년 차이로 먼저 입사했거나 혹은 앞서 태어났다는 것만으로 마치 '내가 키워준다'라는 식으로 말하는 것은 쓸데없는 참견이다. 이것을 그대로 참으면 안 된다. 그렇다면 왜 상사보다 선배가 더 신경 쓰이는 걸까? 이 부분을 확실히 이해하면 선배를 대하는 방법도 바뀔 것이다.

먼저 상사와는 달리 선배는 아무것도 책임지지 않는다. 상사는 과장·부장처럼 직위가 있지만, 선배는 아무것도 없다. 다시말해 당신과 마찬가지로 똑같은 평사원일 뿐이다. 이는 조직 내에서 당신과 동일한 입장이라는 뜻이다. 그런데도 선배라는 이유만으로 왠지 '얘보다는 위'라고 생각하는 사람이 많다. 그러면서 아무 생각 없이 제멋대로 '선배티'를 낸다. 완전히 자기 맘대로다. 선배라고 해도 당신과 동등한 입장이다. 이제부터는 깍듯하게 선배와 후배로 나누는 구도를 머릿속에서 지우길 바란다.

선배에 대한 개념을 정립했다면 다음 단계는 바로 '습관 지적' 테크닉이다. 습관 지적은 말 그대로 상대의 습관을 지적하는 것을 말한다. 습관이란 자기도 모르게 몸에 굳어진 행동이다. 좋은 습관이든 나쁜 습관이든 자기 힘으로는 개선 및 향상하기가 어렵다는 것을 우리는 이미 알고 있다. 자신이 컨트롤할 수 없는 행동을 타인으로부터 지적받으면 받을수록 견디기 어려운 법이다.

선배와 후배 간의 일반적 대화를 살펴보자.

"어이, 후배. 아주 열심히 일하고 있구나. 이번 프로젝트에 참여할 수 있도록 내가 부장님과 협의해볼게."

"예, 감사합니다. 잘 부탁드립니다."

앞에서 정리했던 선배와의 역학 구도를 떠올려 보면, 동일한 입장에 있는 사람이 무슨 권한으로 부장님과 협의를 한다는 말인가? 협의라는 말을 사용하고 있지만 실제로는 그저 부장님께 부탁하는 정도의 수준일 것이다.

"N씨가 정말 열심히 일하고 있는데, 이번 프로젝트에 참여시킬 곳이 없을까요?"

이런 경우에 선배에게 '습관 지적' 테크닉을 사용한다.

"어이, 후배. 아주 열심히 일하고 있구나. 이번 프로젝트에 참여할 수 있도록 내가 부장님과 협의해볼게."

"선배님, 감사합니다. 그런데 약간 신경 쓰이는 부분이 있는데요. 아까 선배가 부른 '어이, 후배'라는 호칭을 다른 말로 바꿔주시면 좋겠어요. 상무님이 그런 말을 싫어하시는 것 같던데요⋯."

"뭐? 상무님이? 그걸 어떻게 알아?"

"아~ 아니에요. 그냥 저를 좀 귀여워해 주시는 것 같아요. 그런 호칭만 신경을 써주시면 괜찮을 것 같아요."

이런 대화를 나누면 선배는 어떤 심경일까? 습관 지적을 당하면 보통의 경우 '뭐야? 이 녀석. 주제넘게'라는 생각이 들 것이다. 그렇지만 지적이 선배를 위한 것이라는 명분이 있다면 상황은 달라진다. 대화에 상무님이 등장함으로써 선배를 위한다는 명분이 생긴다. 그리고 그 상무님과 '뭔지 모르지만' 어딘가 연결고리가 있는 듯한 생각이 들도록 하면 된다. 선배의 마음속 생각은 '뭐야, 이 녀석에게 뭔가 있구나'라는 것으로 연결된다. 사실은 후배와 상무님은 아무런 관계가 없고, 그냥 '허세'일 뿐이다. 그러나 평사원이 회사 임원인 상무와 후배의 연관성을 하나하나 따져가며 조사할 리가 없다. 따라서 허세만으로도 충분하다.

이처럼 마음에 들지 않는 선배의 언어와 호칭 사용에 주의를 주고, 그 배후에 높은 누군가가 있는 것처럼 냄새를 풍기기만 해도 된다. 그러면 선배는 더 이상 대단한 위엄이 있는 것처럼 위에서 내려다보던 태도를 취할 수 없다.

그런데 왜 사장이 아닌 상무를 등장시키는 것일까? 사장은 의외로 여러 사람과 접점을 가지고 있는 경우가 많기 때문에 허세가 밝혀질 가능성이 높다. 따라서 사장보다 약간 낮은 지위를 가진 사람을 등장시켜야 불확실성이 유지된다. 인간은 불확실한 것이 매우 거북하고 어렵기에 불확실한 것에 대해 불안감을 느끼는 경우가 많다. 반드시 냉랭한 표정으로 계속해서 습관 지적으로 선배에게 허세를 부려보라. 재미있게도 선배는 금방 온순해진다.

자랑만 늘어놓는 선배를 침묵시키기

응용된 예스 벗 Yes, But 화법

"정말, 그렇군요. 그러나 이 안건을 보면 알 수 있는 바와 같이…"

이것이 쉽게 알 수 있는 '예스 벗(Yes, But) 화법'이다. 이미 심리학은 물론이고 세일즈의 세계에서도 널리 알려진 유명한 테크닉이다. 그런데 이 테크닉은 쉽게 사용할 수 있는 화법이 아니다. '그러나'라는 부정적인 단어를 사용함으로써 대부분의 사람에게 불쾌감을 줄 수 있기 때문이다. 필자도 상점에서 점원이 이 테크닉을 사용하면 그냥 나와 버린다.

다양한 분야의 최고 세일즈맨을 대상으로 하는 조사에서 밝혀진 것 중의 하나는 최고의 세일즈맨은 어떤 경우에도 '그러나'라는 단어를 사용하지 않는다는 것이다.

"나, 이번 발표에서 선발되었어. 이제 상사가 나의 능력을 알아보기 시작한 거지."

"오~ 대단한데요. 그러나 그렇게까지 어려운 발표는 아니잖아요?"

이렇게 대화하면 선배도 불쾌한 감정을 느낀다. 무심코 이렇게 말함으로써 관계마저 악화시켜서는 안 된다. 이런 부정적인 단어는 때때로 인간관계까지 나쁘게 만들 수 있다. 왜냐하면 그 사람의 존재 자체를 부정하는 느낌을 주기 때문이다.

"나, 이번 발표에서 선발되었어. 이제 상사가 나의 능력을 인정해주는 것 같아."

"오~ 대단한데요. 실은 그렇게까지 어려운 발표는 아니잖아요?"

이 정도면 어떤가? '그러나'라는 단어보다 약간 부드러운 말을 사용한 것 같은 느낌이 들 것이다. 이는 '응용된 예스 벗(Yes, But) 화법'을 사용한 것이다. 물론 선배의 자랑을 중지시키는 목적으로 하는 말이기 때문에 다소간에 가시 돋침이 남아있기는 하지만 심하게 감정을 상하게 만드는 최악의 상황은 피할 수 있다. 만약 오해의 소지를 더 없애려면 '예스 바이 3 앤드(Yes By 3 And) 화법'을 사용하면 된다.

"나, 이번 발표에서 선발되었어. 이제 상사가 나의 능력을 인정해주는 것 같아."

"오~ 대단해요. 시뮬레이션으로는 대단한데요. 이와 관련하여 선배는 어떻게 시뮬레이션을 한 거예요?"

"아, 집에서 몇 번이나 연습했는지 몰라."

"그렇군요. 어떤 연습을 했는지 가르쳐주세요?"

"아, 그래. 머릿속에서 몇 번이고 반복해서 해보는 거지."

"머릿속에서 자꾸 반복해서 시뮬레이션을 돌려본다고요? 정말 대단해요. 이번에 그리 어려운 발표는 아닌 것 같았는데 참 잘되었네요."

'3회 공감'이라고도 하는 이 테크닉은 공감 수준이나 납득 수준을 더 높이는 화법이다. 이런 경우에는 단순히 공감 수준만 높이는 것으로 끝나는 것이 아니라 갑자기 예리하게 파고드는 자극을 덧붙인다. 효과는 귀찮을 정도로 자기 자랑을 늘어놓는 선배의 마음에 상당히 깊은 상처를 입힐 수 있다. 이 정도라면 선배의 자랑은 거의 침묵하게 만들 수 있다. 그런데 왜 선배의 자랑을 멈추게 하고 싶은 걸까? 그런 후배의 심리상황은 무엇일까?

사람들은 자신의 업적이나 실적을 확실하게 인정받고 싶은 욕구 때문에 자랑을 한다. 또 한 가지는 더 많은 사람으로부터 인정받고 싶기 때문에 스스로 나서서 여기저기 먼저 이야기를 하는 것이다. 그중에 선배라는 위치로 강제성을 발휘하면 이야기를 들어주는 것이 바로 '후배'이다. 더구나 후배는 자기보다 열등한 존재라고 인식하기 때문에 후배에게 이야기하면서 스스로 자기승인 욕구를 만족시킨다. 약간 당황스러울 수도 있으나 이것은 인간의 본성이므로 별다른 도리가 없다. 그러나 앞서 말한 테크닉을 사용한다면 선배는 당신에게 자랑하는 것, 즉 자기 승인 욕구를 충족시키는 것을 할 수 없다고 느낀다.

당신이 이성에게 적극적인 대시를 여러 번 시도했지만 상대가 전혀 반응을 보이지 않을 때, 당신은 그 이성에게 언제까지 도전을 계속할 것인가? 도중에 반드시 대시하는 것이 무의미하다는 느낌을 받을 것이다. 자기 자랑하는 선배의 마음 상태도 이와 일치한다. 몇 번이나 자기승인 욕구를 채우려고 시도했음에도 제대로 채워지지 않는다면, 이제 다시는 당신에게 그것을 구하지 않을 것이다. 자기승인 욕구를 채울 목표를 변경하고 당신 주변에서 떠날 것이다.

허황된 자랑을 얌전하게 듣고 있으면 언제 끝날지 알 수 없다. 따라서 반드시 응용된 예스 벗 화법을 사용하여 문제의 원인을 근본적으로 제거해야 한다.

일방적인 부탁만 하는 도도한 사람에게는

후광 효과 *Halo Effect*

"이 서류 오늘 중에 전부 다 카피해서 주게. 시간이 아무리 많이 걸려도 오늘 끝내줬으면 좋겠어."

"저… 오늘이 제 생일이라서 선약이 있거든요. 혹시 자료는 내일 몇 시까지 필요하신 건가요? 꼭 오늘 중에 끝내야 하나요?"

상대방의 사정은 생각하지도 않고 일방적으로 일을 내미는 선배가 어느 직장에나 한두 사람 있게 마련이다. '저…, 아니 오늘은…'이라며 어렵다는 의사표시를 해도 "부탁해!"라는 한마디만 던지고 사라진다. 이런 선배는 보통 업무 속도가 느리고, 자기가 할 수 없는 일의 책임을 후배에게 밀어버리기도 한다.

이와 같은 선배를 만나면 당신은 퇴근 후에 소중한 데이트를 취소하거나 모처럼의 가족 모임에 참석하기 어려운 상황에 직면한다. 하지만 선배는 당신의 그런 사정에 전혀 개의치 않는다. 당신이 슬퍼하는지, 고통스러운지, 곤란한지는 완전히 무시한 채 일방적으로 맡기는 것이다.

일반적인 때를 보면 '왜 상대방의 사정을 고려하지 않지?'라고 생각할 수 있다. 하지만 그런 부류의 사람들은 남의 생각을 전혀 하지 못한다. 사실은 그런 대부분의 사람이 반사회적 인격 장애인 일종의 '사이코패스(psychopath)'이다. 사이코패스라면 연쇄살인범을 상상하지만, 보통의 사람 중에도 사이코패스 기질을 가진 사람이 많다. 사이코패스는 사회의 프레데터(predator)라고 부를 정도로 양심의 가책이나 타인에 대한 배려가 전혀 없다. 물론 죄의식이나 후회도 절대하지 않는다. 사회규범을 경시하고, 사람의 기대를 배반하고, 자기 멋대로 갖고 싶은 것을 취하고, 자기가 좋아하는 행동을 무책임하게 행하는 것이 특징이다.

대부분의 사이코패스는 살인을 저지르는 흉악범이 아니다. 그저 우리 주변에서 어렵지 않게 볼 수 있는 인격 이상자들이다. 일본에서는 남성 100명 중의 1명, 여성 300명 중의 1명 정도의 비율로 존재한다고 한다. 바꿔 말하면 당신의 회사 직원이 100명 이상이라면 확률적으로 직원 중에 사이코패스가 1명 정도 있을 수 있다는 뜻이다. 물론 그보다 직원이 적은 회사에도 숨어 있을 가능성이 있다.

사이코패스의 특징을 열거해 보면, 당신에게 일방적으로 일을 부탁한 선배에게 해당하는 항목도 있을 것이다.

- 유세를 부리는 말투를 쓰고 태도는 거들먹거린다.
- 자신의 행동에 대해 반성하지 않고, 기본적으로 모든 잘못을 남 탓으로 돌린다.
- 양심이 이상하게 결여되어 있다. (그러나 혼자만 양심 있는 척을 한다.)
- 거짓말을 밥 먹듯이 한다.
- 후회나 죄의식이 없다.
- 공감능력이 없고 배려가 없다. (그러나 배려 있는 척을 한다.)
- 자신의 행동에 책임을 지지 않는다.
- 말을 그럴듯하게 해서 겉으로 보면 매력적으로 보인다.
- 자기를 스스로 높게 평가한다.

실제로 얼마나 많이 해당하는지 확인해보라. 아마도 상당히 여러 항목이 일치할 것이다. 당신이 그런 사람의 일방적인 부탁을 언제나 처리해준다면 당신은 어떤 성격의 사람일까? 당신의 성격도 간단히 알 수 있다. 아마도 스스로 자신이 없고, 다른 사람으로부터 질책받는 것을 매우 두려워할 것이다. 자기가 손해를 보더라도 상대방이 원하는 것을 우선시하는 타입이다. 그리고 쉽게 죄의식에 빠지는 성격이면서 다른 사람에게 애정이 깊다. 사이코패스 기질을 가진 사람에겐 이런 성격이 포식하기 아주 쉬운 대상이며, 언제나 이용하려고 한다.

이런 사이코패스 기질의 선배에 대해서 어떤 대책을 세워야 할까? 실제로 사이코패스 기질은 잘 치료되지 않는 요소라고 한다. 어떤 대책을 시도해도 거의 효과가 없으니 방법도 없다고 봐야 할 것이다. 그렇지만 얼핏 보면 약점이 없는 것처럼 보이는 문제에도 어딘가에는 방법이 숨어 있게 마련이다. 그것이 바로 '후광 효과(Halo Effect)'이다.

시도하는 방법도 간단하다. 제1장에서 언급한 '유도영역'과 거의 동일한 요령으로 먼저 사이코패스 선배 앞에서 회사의 높은 임원과 친하게 이야기를 나누면 된다. 물론 당신이 임원과 억지로 친해질 필요는 없다. 어디까지나 이건 연기에 불과하다.

"부장님, 낚시 실력이 대단하시다면서요? 예전에 부장님께서 사용하던 루어 낚싯대를 발견했습니다."

이런 식으로 가볍게 이야기를 건네면 된다. 낚시가 취미인 부장님은 "어, 자네도 낚시를 좋아하나?"라는 식으로 대답할 것이다. 실제로 이야기의 내용은 전혀 중요하지 않다. 중요한 것은 그저 높은 분과 친하게 이야기하는 모습을 연출하는 것이 핵심이다.

사이코패스는 자기보다 높은 사람에게는 전혀 힘을 쓰지 못한다. 그가 힘을 발휘할 수 있는 것은 자신보다 힘이 약한 사람

뿐이다. 높은 상사와 친밀하게 대화하는 당신의 모습을 통해서 상사와 깊은 관계가 있음을 보여주면 충분하다. 그것만으로도 사이코패스들은 자기 멋대로 해석하고 상상하면서 지금까지 했던 것처럼 무례한 부탁을 하지 않는다.

No.28

횡포 부리는 선배에게 사용하는

집단 에고이즘 *Egoism*

사람이 살아가다 보면 자기와 뜻이 맞지 않는 사람을 만날 수밖에 없다.

이유 없이 그곳에 있는 것만으로도 싫다는 혐오감이 생기는 사람이 있다. 직장 생활을 하다 보면 당신에게도 그렇게 혐오감이 느껴지는 사람이 있을 것이다.

만약 당신에게 노골적으로 싫다는 기색을 보이거나 정신적으로 압박하는 사람이 있다면 지금부터 소개하는 테크닉을 사용해서 해결해보자. 물론 아무 이유 없이 단순히 그저 '싫은' 느낌이 드는 경우라면 상대방에게 문제가 있는 것이 아니기 때문에 이 테크닉을 권하지 않는다.

소개하는 테크닉은 '집단 에고이즘(Egoism)'이라는 매우 강력한 테크닉이다. 때에 따라서는 상대방을 사회적으로 매장시킬 수 있는 강력한 기법이다. 따라서 이 테크닉을 사용할 때는 특별히 신중을 기할 필요가 있다.

집단 에고이즘에서 에고이즘은 이기주의(利己主義)이다. 즉 집단적 이기주의를 의미한다. 한마디로 '소문'을 만들어내는 것이다. 싫어하는 선배에 대한 소문을 만들고, 그것을 전략적으로 확산시킨다. 아주 단순한 기법이다. 그런데 소문이 확실히 퍼지지 않으면 효과가 없기 때문에 좀 더 전략적인 방법이 필요하다.

예를 들어, 당신이 회사에서 업무를 하다가 잠깐 휴게실에 들러서 커피를 마시고 잠시 휴식을 취한다. 마침 휴게실에는 2~3명의 직원이 이야기를 나누고 있다. 그들이 있는 곳은 전화 통화하는 내 목소리가 충분히 들리는 거리이다. 이때 당신이 휴대전화를 들고 "아, 글쎄 A 선배 말이야. 얼마 전에 파견 직원이랑 데이트하는 걸 누가 봤다고 하던데…"라고 말한다. 이런 소리를 들은 사람들은 마음속으로 '엥? 그 A씨 이야기네'라고 생각한다. 그리고 대부분의 사람은 들은 얘기를 다른 사람에게 전달하고 싶다는 생각을 가지게 된다.

왜 사람들은 굳이 직접 보지도 않은 사실에 관한 이야기를 다른 사람에게 전달하려고 안달하는 것일까? 집단 에고이즘을 이용하기 위해서는 이런 심리상황을 완벽하게 이해할 필요가 있다. 소문이 퍼져나가는 데는 '집단'이라는 요소가 필수적이다. 여러 사람이 집단을 이루었을 때 표출되는 심리가 집단 심리다. 개인 심리는 비교적 확실하게 나타나는 데 비해서 집단 심리는 개인의 심리가 잘 표출되지 않고 다른 사람의 언행에 따라 움직이는 경향이 강하다.

설탕을 넣은 캡슐을 복용한 후에 나타나는 변화를 측정한 실험을 예로 들어보자. 먼저 개인을 상대로 다음과 같은 안내 멘트를 들려주면서 캡슐을 복용하도록 했다.

"이 알약에는 혈압을 떨어뜨려서 보통의 정상적인 수치로 되돌리는 효과가 있습니다."

캡슐 복용 후에 실제로 변화가 일어나는지를 확인한 결과 혈압의 변화가 거의 나타나지 않았다. 다음 집단을 상대로 하는 실험에서는 집단 구성원 중에 "변화가 생겼다"라고 말하는 역할자가 섞여 있었다. 그 결과 집단을 상대로 캡슐을 복용시킨 후의 결과는 실제로 심박수와 혈압 등이 변화되었다.

이런 실험을 통해 알 수 있듯이 집단에서는 유입된 정보에 대해서 정확히 자기 의견에 따르기보다는 매우 모호한 반응을 일으키는 본질이 있다. 이런 집단의 본질에 따라 소문의 경우에도 비록 편견이 담긴 정보라도 집단 심리에 따라 '일단 합의하는' 분위기가 된다. 그리고 집단에서 합의된 소문은 극단적인 편견이 걸러지지 않고 그냥 담긴 채로 확산되는 특징이 있다. 뉴스

보도에서도 사실 확인을 제대로 할 필요가 있지만 때로는 당사자도 알지 못하는 이야기가 넘쳐나는 것도 바로 이런 속성 때문이다. 이런 특성을 이용한다면 마음에 들지 않는 선배에 관한 소문을 흘리고 퍼뜨리는 것은 매우 간단한 일이다. 그런데 문제는 소문의 출처가 밝혀질 수도 있다는 점이다. 퍼져나간 소문의 출처를 캐다가 당신이 최초 발신자라는 것이 밝혀진다면 난감한 상황에 처하게 된다.

"아, 잠깐 들어봐. 예전에 어디선가 들었는데, A 선배가 파견 직원이랑 데이트하는 걸 누가 봤다던데."

이런 식으로 '전해 들은 말을 옮기는 것'처럼 연기하는 사람도 있지만 그리 권할 만한 방법은 아니다. 전해 들은 말을 옮기는 것은 다른 사람들이 입이 가볍다고 생각하기 쉽고 신뢰도가 떨어지기 때문이다.

제일 안전한 방법은 '상상을 하게 만드는 것'이다. 예를 들어, 당신이 휴게소에서 커피를 마시고 있다고 해보자. 당신 뒤에는 몇 명의 직원이 차를 마시며 휴식을 취하고 있다. 이럴 때 어디선가 전화가 걸려온 것처럼 연기하면서 다른 사람들을 등 뒤에 두고 전화를 받는다. 처음에는 최대한 보통의 일반적인 대화를 하다가, 소문을 퍼뜨려야 할 핵심 내용에 이르면 서서히 작은 목소리로 통화한다. 아주 작게 통화하지만 뒷사람에게 들릴 수 있는 크기로 말하는 것이다.

"아… 어머? 그게 사실인가요? 그걸 어디서 본 건가요? 에이, 설마요. 그런 일은 없다고 생각해요. 정말요? 역시 실적은 아무나 쌓는 게 아니군요(회사 내의 인물이 상상될 수 있는 힌트를 말한다). … (이 시점부터 서서히 소리를 죽여 가며 작게 얘기한다) 아니, 그 사람은 별로던데…. 아, 그 최근에 파견 온 직원이구나…. 아니요, 아무에게도 말하지 마세요. 네, 알겠습니다."

이때 당신 뒤에 있던 사람들이 귀를 쫑긋 세우고 이 대화를 듣고 있다면, 회사의 누구와 관련된 이야기라는 것을 틀림없이 상상할 수 있다. 이런 연기를 몇 차례 반복하면 '발 없는 말이 천리 간다'라는 속담처럼 순식간에 소문이 퍼질 것이다. 그 소문이 진실인지 아닌지는 아무런 상관없이 퍼져 나가서 회사의 여러 직원뿐만 아니라 경영진의 귀에도 전달될 것이다. 그리고 그 선배에 대한 의문이 여러 가지로 꼬리에 꼬리를 물고 확대되어 간다. 횡포를 부려서 싫은 선배가 있다면 한 번 실천해보라. 단어떤 경우라도 악용하는 것은 금물임을 명심해야 한다.

자기 생각을 강요하는 상대에게는

응용된 부메랑 효과 *Boomerang Effect*

"자네는 이 업계에서 일한 시간이 얼마 되지 않아서 잘 모르겠지만, 이렇게 하는 것이 절대로 맞아. 의문은 갖지 않는 것이 좋아. 특히 내가 말하는 대로 하면 다 되기 때문에 문제가 없어."

얼핏 보면 믿음이 가는 사람이라고 생각할 수도 있다. 그러나 선배는 어디까지나 당신과 동일한 입장임을 잊지 말자. 그런 사람이 말하는 '절대'는 대부분 틀림없이 '절대가 아니다.' 만약 그것이 가능하다면 그는 특급으로 승진했을 것이다.

사람은 각각 자기 생각이 있고, 다양한 생각이 모여서 구성된 것이 사회임에도 불구하고 무조건 자기 생각만이 올바르다고 생각하는 사람이 있다. 백번 양보해서 그것까지는 괜찮다고 인정해

157

도, 자기 생각을 상대에게까지 강요하는 선배나 상사가 있는 것은 곤란하다.

이럴 때는 '부메랑 효과(Boomerang Effect)'를 활용한다. 부메랑 효과란 간단히 말하면 '상대가 설득한 내용과 반대로 행동하거나 태도를 취하는 것'이다.

거의 모든 사람이 한 번쯤은 이런 경험을 한 적이 있을 것이다. 실컷 놀다가 공부를 해야겠다는 생각이 들어 책상 의자로 향하는데 마침 그 옆에 계시던 엄마가 "이제 공부 좀 하시지?" 라고 화난 말투로 재촉한다. 이 말을 들으면 갑자기 공부하려던 마음이 싹 달아나서 공부하기가 싫어진다. 이것이 바로 부메랑 효과의 좋은 예이다. '공부하라'고 설득하거나 주의를 주는 것에 대해서 '공부하기 싫다'는 태도를 보이는 것이다.

이것은 심리적 리액턴스(reactance)라는 인간의 습성에 기초한 심리상태다. 자유의 제한 또는 속박되는 것을 싫어하는 인간의 본질에서 비롯되는 것이다. 결국 '공부해라'는 말에는 '공부하지 않아도 좋다'는 자유를 제한하는 의미가 담겨있기 때문에 속박을 싫어하는 인간의 기본적 성질이 감정으로 드러난 것이다.

선배가 '이거 해라', '저거 해라' 하고 지시하는 것도 당신 생각의 자유를 제한하는 셈이기 때문에 따르고 싶지 않은 것이 본성이다. 그러나 조직에서는 원하지 않는 말이라도 들어야 할 의무가 있다. 따라서 모두에게 스트레스를 주는 상황이다.

선배라는 위치를 이용하여 강제로 자신의 생각을 밀어붙이는 사람에게는 확실한 반응을 보여주어야 한다. 다시 한번 강조하지만 선배와 나는 동일한 입장이다. 두려워할 것이 없다. 혹시라도 '선배와 좋은 관계를 맺어두지 않으면 선배가 승진해서 나를 밀어주지 않을지도 모른다'라는 두려움을 가지고 있는 사람이 있을지 모르겠다. 그렇다면 당신이 먼저 승진해버리면 아무 문제도 아니다.

일본 회사의 경우에는 앞으로 연공서열이라는 제도가 완전히 사라질 전망이다. 실력이 있는 사람이 점점 올라가고, 역량이 부족한 사람은 점점 배제될 것이다. 옛날처럼 선배에게 길을 열어달라고 부탁할 필요가 없다. 자신의 생각을 강요하고 밀어붙이는 선배에게 부메랑효과를 사용하는 방법을 살펴보자.

"자네는 이 업계에서 일한 시간이 얼마 되지 않아서 잘 모르겠지만, 이렇게 하는 것이 절대로 맞아. 의문은 갖지 않는 것이 좋아. 특히 내가 말하는 대로 하면 다 되기 때문에 문제가 없어."

"선배님, 감사합니다. 물론 의문은 없습니다. 말씀하신 대로 하고 싶습니다. 그런데 선배님께서 말씀하신 대로 하면 어느 정도 결과가 나오는 건가요?"

"결과?"

"네, 성공적인 결과 말입니다. 예를 들면 판매실적이 지금보다 3배가 늘거나 하는 실적 말이죠. 선배님이 하시는 방법대로 일을 하면 어느 정도 영업실적이 올라가는지가 흥미로울 것 같아서요."

"아아…, 2배 정도는 오르는 것 같은데…."

"2배라고요? 그 정도라면 지금이라도 승진할 수 있을 것 같은데요?"

"그래 그래, 할 수 있지. 그 정도면 충분해."

"아, 그런데 선배님은 왜 승진하지 않고 계세요? 선배님은 방법을 모두 알고 있지 않나요? 아~ 그러면 단번에 뛰어올라서 부장 자리를 노리시는 건가요?"

"아냐…. 그런 건 아니고…."

"좋습니다. 선배님, 노력하겠습니다. 회사의 판매 액수를 반드시 2배 높이겠습니다. 잘 가르쳐 주세요."

대화의 진행에서 무언가 새롭게 알아차린 것이 있는가? 강요하는 선배의 생각을 이용해서 거꾸로 '선배가 주장하는 방법이라면 판매 액수가 2배나 올라간다'는 의미로 변환시켜서 되돌려주는 기법이다. 이것이 이른바 부메랑 효과이다.

그 선배의 생각이란 기본적으로 애매하다. 막연하기 때문에 승진도 못 하고 있는 것이다. 적어도 실적이 2배 이상 내는 방법을 알고 있으면 특별히 승진했을 것이다. 회사 사장이나 상사는 그런 인재를 방치하지 않는다. 선배가 강요하는 생각을 거꾸로 확대해서 그 방법을 보증삼아 시도해보겠다는 생각을 전하고 '반드시 실적을 올려 보여 드리겠습니다'라는 생각을 되돌려준다. 이렇게 되돌려 줌으로써 선배는 '실적을 올린다'라는 자유를 거꾸로 빼앗겨버린 셈이 된다. 또한 전혀 책임질 수 없는 위치에 있는 사람에게 확실하게 보증하라고 요구하는 것도 무리한 요구이다. 역시 '심리적 리액턴스'가 작용하기 때문에 선배는 두 번 다시 당신에게 자기 생각을 강요하는 일은 하지 않을 것이다.

실세 선임 여직원을
다루기 위해 익혀야 할
인상 조작

실세 선임 여직원에 관한 대책은 남성보다도 여성에게 훨씬 필요한 테크닉이다. 그래서 여성을 위한 선임 여직원 대책법의 핵심을 설명하고자 한다.

어느 회사든지 '왕언니'라고 불리는 실세의 선임 여직원이 존재한다. 회사 창업 때부터 있었던 사람도 있고, 함부로 대하면 두고두고 모든 직원을 적으로 삼아버리는 사람도 있다. 그중에는 사장과 오랫동안 알고 지낸 사람도 있어서 때에 따라 인사담당자보다 더 무서운 사람도 있다. 예를 들어서 사장이 사원인 실세 선임 여직원에게 이렇게 묻는 일이 종종 있기 때문이다.

"B씨에 대해서 자네는 어떻게 생각하나?"

그렇기 때문에 여간 마음이 쓰이는 것이 아니다. 이런 실세 선임 여직원은 기본적으로 사장과 어떤 연결고리가 있을 것으로 생각해야 한다. 따라서 실세 선임 여직원으로부터 미움받지 않고 좋은 사이가 되도록 노력할 필요가 있다. 때에 따라서는 실세 선임 여직원을 '회사의 보이지 않는 주인'이라고 말하기도 하는데, 틀린 표현은 아니라고 생각한다.

단, 대부분의 실세 선임 여직원은 환심을 사려는 행동을 매우 싫어한다. 그래서 섣부르게 "언제나 아름다우시네요"라는 식으로 겉치레 인사를 건네는 것은 좋은 방법이 아니다. 그녀는 '이 사람, 뭐야? 내 기분을 맞추려는 것을 보니 뭔가 다른 꿍꿍이가 있구나'라고 생각할 가능성이 크기 때문이다. 실세 선임 여직원 중에는 좋은 사람도 있지만 열등감이 심하거나 지나친 자부심에 빠져 있는 사람도 있다. 게다가 자신의 입지를 위협하는 사람에게는 매우 예민해서 그런 사람을 발견하면 용서 없이 공격한다. 또한 스트레스를 젊은 후배들에게 발산하기도 한다.

그렇다면 어떻게 대처하면 좋을까? 아주 간단하게 다음 5가지에 주의를 기울이면 된다. 5가지 내용은 실세 선임 여직원에 맞춰서 '인상 조작'하는 것으로, 선임 여직원을 깎아내리는 내용은 없다.

1. 존경하고 있는 척을 한다(자기 승인 욕구를 채워준다).

내가 이 구역의 X X X야.
알아들어?

2. 기대하는 반응을 보여주고, 확실하게 맞장구를 쳐주는 '사시스세소' 법칙

   사-'정말요?' / 시-'몰랐습니다' / 스-'대단합니다'

   세-'센스가 대단하시네요' / 소-'그렇군요'

3. 항상 스마일(어두운 얼굴을 하면 의욕이 없다고 느낀다)

4. 가까이 지내며 신뢰할 수 있도록 한다(거리를 두면 싫어하는 경향이 있으므로 주의한다).

5. 화려한 화장이나 머리 모양을 하지 않는다(공과 사를 구별하지 못하는 사람이라고 느낄 수 있다).

이상의 5가지를 항상 염두에 두고 의식해서 지켜나가면 실세 선임 여직원에게는 좋은 인상을 줄 수 있기에 나쁘게 찍히는 일은 없을 것이다. 특히 조심해야 할 것은 5번 항목이다. 실세 선임 여직원들은 생각이 급한 사람이 많기 때문에 화려하게 화장을 하고 있으면 상식이 없는 사람 또는 착실하지 못한 사람이라는 선입견을 품을 우려가 있다. 그런 선입견을 품게 되면 당신이 하는 모든 일이 곱게 보이지 않기 때문에 막대한 손해를 볼 수 있다.

어떤 실수를 하더라도 사람에 따라서는 화를 낼 수도 있고 화를 내지 않을 수도 있다. 그러나 실세 선임 여직원은 상식이 없는 사람이나 착실하지 못한 사람이란 선입견을 품고 있는 사람이 작은 실수를 하면 '착실하게 일하지 않아서 생기는 실수'라

고 지적하며 화를 낸다. 제멋대로 판단하고 쉽게 화를 내는 것이다. 이런 문제가 생기지 않도록 주의를 기울여야 한다. 그리고 실세 선임 여직원 앞에서는 절대로 나이 이야기를 하면 안 된다. 특히 나이나 다른 사람이 행복한 이야기를 들으면 엉뚱하게도 열등감을 느끼기 때문이다.

마지막으로 주의할 것은 언어 사용이다. 일본에서는 종종 '감사합니다'와 '미안합니다'를 같은 의미로 사용하기도 한다. 그렇지만 실세 선임 여직원 앞에서는 미안하다는 말을 고맙다는 의미로 써서는 안 된다. 뭔가를 해주었을 때는 "감사합니다"라고 해야 한다. 실세 선임 여직원 중에는 '미안합니다'만을 사용해서 감사 인사를 하면 '머리가 나쁜 직원'이라고 인식하기도 한다. 이것으로 그녀에게 찍히는 것이다.

왕언니라고 불리는 실세 선임 여직원이 있으면 성가신 일이 많은 것이 사실이다. 물론 그 왕언니들 중에는 젊은 사람처럼 생각하고 행동하는 사람도 있다. 당신이 보기에 열등감이 담긴 말투를 사용하지 않거나 지나치게 감정적으로 말하지 않는 사람이면 '착한 왕언니'라고 판단하면 된다.

아무쪼록 실세 선임 여직원인 '왕언니'의 눈 밖에 나지 않도록 조심하길 바란다.

비뚤어진 성격의 선배에게
대응하기 위한
허위 합의 효과 대책

"과장님은 정말 머리가 나빠. 일하면서도 전혀 이해하지 못하
는 거야. 실력도 없는데 어떻게 나보다 높은 직위를 가졌는지 도
대체 알 수가 없어."

자기는 실력이 있다고 생각하는지 모르겠지만, 어차피 자신
이 위치한 포지션이 모든 결과를 말해준다. 이 점을 인정하지
않으려는 사람이 언제나 존재한다. 그 울분을 후배에게 터뜨리
고 있는 것은 자신의 배배 꼬인 비뚤어진 성격을 내보이는 것일
뿐이다. 그런 울분을 듣고 있으면 오히려 불쌍하다는 생각이 든다.

그렇다고 "정말로 그런가요? 선배가 말하고 있는 것처럼 생
각합니다"라고 맞장구를 쳐줄 수도 없다. 그렇다면 선배의 비뚤

어진 성격의 왜곡을 더해주는 것이기 때문이다. 밸런스를 맞추기 어려워서 이러지도 저러지도 못하는 어려움이 있다. 이럴 때는 '허위 합의 효과(False-consensus Effect) 대책' 테크닉을 사용한다.

허위 합의 효과란 사람이 자신의 사고방식을 타인에게 투영시키는 경향을 가리키는 것이다. 즉 '다른 사람들도 자신과 동일하게 생각하고 있다'라고 믿고 싶어 하는 심리이다. 예컨대 사람은 자신의 의견, 신념, 기호에 대하여 '일반 대중도 같은 의견이다'라고 생각하는 경향이 있다. 그렇지만 그런 경향에 대한 확증은 아무데도 없고 단지 그냥 믿어버리는 확신이 일반적이다.

"아, 자네도 그렇게 생각하지?"

선배가 이렇게 묻는다는 것은 후배인 당신도 동일하게 생각할 것이라 전제하고 자기의 잘못된 생각을 강요하면서 말하는 것이다. 그러면 어떻게 하면 좋을까? 허위 합의 효과의 원칙을 그대로 적용하여 되돌려 주면 된다.

"과장님은 정말 머리가 나빠. 일하면서도 전혀 이해하지 못하는 거야. 실력도 없는데 어떻게 나보다 높은 직위를 가졌는지 도대체 알 수가 없어. 자네도 그렇게 생각하지?"

"선배님 생각도 이해는 되네요. 선배님 입장이라면 그렇게 생각할 수도 있을지 모릅니다."

"뭐? 자네는 그렇게 생각하지 않는다는 건가?"

"아니요. 단지 선배님이 생각하시는 것처럼 전부 그렇지는 않을 수도 있다는 생각입니다. 이것은 선배님의 의견이 꼭 잘못되었다는 것이 아닙니다. 그냥 각자의 입장에 따라서 의견이나 견해도 다르기 때문에 어쩔 수 없다는 것입니다. 지금 저와 같이 새내기 입장이라면 아무것도 말할 수 없다는 것이 정직한 상태라고 말하는 겁니다."

정말로 맞는 말이다. 이 정도로 말하면 선배도 다음에는 그런 말을 하지 않을 것이다. 이렇게 되돌려주는 것에는 이유가 있다. 첫째, 선배의 비뚤어진 마음에 동참하지 않는 것이다. 그것에 함께 영합하지 않는 것으로 당신 자신의 입장을 지킬 수 있다. 어디서 누가 듣고 있는지 알 수 없다. 만약 그런 생각을 하는 선배와 영합하고 있다는 것이 알려진다면 상사는 당신이 그 선배와 같은 부류라고 평가할 수 있다. 만약 그렇게 되면 내 의도와는 무관한 오해를 받게 된다. 둘째, 선배도 부정하는 것이 아니다. 어디까지나 입장에 따라서 의견이 다르다는 것을 확실하게 인식시킴으로써 그것 이상으로 말이 퍼져나가지 않도록 하는 효과가 있다.

"아니야, 아니야. 그런 거 확실하게 말하는 것은 좋지 않은 소문이 날지 몰라요. 그래도 그게 말하지 않는 것도 곤란하고…."

확실하게 말하지 못하는 당신을 위해서 다음 작전을 알려주려 한다. '전적으로 완전히 동의해 주는' 테크닉이다.

"과장님은 정말 머리가 나빠. 일하면서도 전혀 이해하지 못하는 거야. 실력도 없는데 어떻게 나보다 높은 직위를 가졌는지 도대체 알 수가 없어. 자네도 그렇게 생각하지?"

"선배님, 정말이에요? 저도 예전부터 그렇게 생각하고 있었어요. 반드시 선배님이 한 수 위라고 봐요. 무슨 재주로 진급했는지 정말로 알 수가 없다니까요. 무슨 일이 있었을까요? ……
그럼 부장님께 말씀드려 보는 건 어떨까요? 제가 아직 힘은 없지만, 그 정도라면 힘이 되어 드릴 수 있어요. 확실하게 말하면 선배님이 과장님이 되어야 마땅해요. 한번 진언해 보세요. 반드시 위에 말씀드려주세요. 선배님!"

이런 말을 들은 선배는 틀림없이 "아니 아니야, 잠깐 기다려. 말이 너무 지나쳤어"라고 말할 것이다.

2014년에 이스라엘의 텔아비브대학교에서 재미있는 실험이 있었다. 150명의 남녀학생을 두 그룹으로 나누어 각각 다음 중에 한쪽을 보여주었다.

1. 일반적인 TV 광고
2. 팔레스타인 문제에 관한 동영상(이스라엘 측의 생각을 과장하여 표현한 내용)

팔레스타인 문제에 관한 동영상을 본 그룹의 30%는 동영상을 보기 전보다 정치에 관한 생각이 유연해지고 선거에도 적극적으로 참여했다. 극단적인 동영상을 봄으로써 지금까지 지니고 있던 사고방식이 바뀐 것이다.

선배의 의견에 대해서도 마찬가지다. 선배의 의견을 부정하지 않는 대신에 극단적으로 옳다고 과장해서 말해준다. 여기서 끝내면 안 된다. 단순한 제재를 불사하는 것을 넘어서 상사를 몰아내는 수준까지 극단적으로 이야기를 확대하는 것이 중요하다. 그러면 선배로서는 자신의 '비뚤어진 말'이 자신의 생존을 위협하는 흉기가 될 수 있다는 공포심을 갖게 된다. 그리고 그런 지뢰를 만들어내기를 꺼리지 않는 당신에게는 두 번 다시 비뚤어진 이야기를 하는 실수를 저지르지 않을 것이다.

단, 이렇게 할 때는 서로 간에 '누구에게도 누설하지 않는다'라는 것을 확실하게 해두어야 한다. 그렇지 않으면 당신은 '회사 내의 테러리스트'라는 반란자로 낙인찍힐 것이므로 반드시 주의해야 한다.

인생은 유한하다. 가치 없는 사람 밑에서 일하면서
시간을 낭비하는 것보다 어리석은 짓은 없다.

제 4 장

사장과 임원진의
주목을 받아
출세의 길을
자신의 것으로
만든다

경영자가 좋아하는
'흔들림 없는 자신'을 연출하는
일관성 테크닉

"저 사람은 저렇게 출세를 했는데, 나는 무엇 때문에 출세하지 못했을까? 실적도 비슷한 것 같은데…."

이렇게 느낀 사람도 많을 것이다. 예를 들면 TV를 볼 때도 이렇게 느낀 적이 있을 것이다.

"저 실력으로 가수가 된 거야? 더 잘하는 사람이 넘쳐나는데, 어떻게 유명 가수가 되었는지 알 수가 없단 말이야."

'일을 열심히 하면 또는 좋은 실적을 내면 반드시 출세할 수 있다'라는 말이 맞지 않는다는 것이 세상의 상식이다. 실력이 있어도 위에서 끌어주는 '운'도 필요하다는 것은 조직에 속해 있으면 자연히 느끼게 된다.

"뭐야? 그럼 결국 모든 것이 운이라는 거야?"

이렇게 실망할지도 모르지만, 이끌어주는 '운'은 자신의 손으로 만들어 낼 수 있다.

경영자나 임원의 자리에 있는 사람들은 고용되었다는 측면에서 보면 좀처럼 생각을 알 수 없는 부분이 많다. 의외로 누구도 하지 못했던 일을 하는 파천황 같은 사람이나 비즈니스 룰을 지키지 않는 사람이 상당히 많다. 다시 말해서 고용된 사람에게 당연히 요구되는 순종하는 고분고분함이 결여되어 있는 사람, 솔직히 말하면 '제멋대로, 내키는 대로' 행동하는 사람이 생각보다 많다는 것이다.

필자는 16년 동안 경영자로서 일했고 동시에 다양한 경영자와 교류하고 있다. 그들 중에도 역시 앞에서 말한 바와 같은 패턴에 해당하는 사람도 있다. '경영자는 경영자라는 인종이 따로 있는 것인가?'라고 느낀다.

그러면 그런 경영자나 임원의 마음에 들게 하려면 어떻게 해야 좋을까? '일관성의 테크닉'을 사용해보자. 과장이나 부장과 같은 직함이 붙어 있는 사람이라면 어떤지 모르지만, 경영자에게는 이른바 '사탕발림 아첨'은 통하지 않는다.

"사장님, 평생 사장님을 따라가겠습니다. 저는 언제나 분발하겠습니다."

이런 말을 듣고 사장님은 마음속으로 이렇게 생각할 것이다.

'따라오지 않아도 괜찮네. 착실하게 일해서 실적이나 내게.'

물론 경영자 중에는 그렇게 생각하지 않고 부처님 같은 모습의 사람도 있을 것이다. 어쨌든 실적이 나쁘면 유감스럽게도 파멸만이 기다리는 혹독한 세계이다. 따라서 경영자 앞에서는 반드시 '자신의 주관'을 지켜나가자. 일관성은 흔들림이 없음을 의미한다. 경영진에게 의견을 말하면서 이랬다저랬다 자기 생각을 바꿔나가면 '이 사람은 제대로 일을 해내지 못하겠구나'라고 생각할 빌미를 제공하는 어리석은 일이다.

"자네 생각은 그럴듯하지만, 이런 제안으로는 무리야. 더욱더 새로운 느낌이 없으면 그 누구도 흥미를 갖지 않을 거야."

"예, 다시 생각해서 수정하겠습니다."

이렇게 순종적인 태도를 보이는 것이 바람직하다고 생각하면 안 된다. 만약 그 단계라면 '이 사람은 능력이 부족해'라는 경영자의 판정을 인정하는 꼴이 된다.

"예, 사장님께서 말씀하시는 것은 잘 이해할 수 있습니다. 그러나 지금은 지나치게 새로운 것에 대해서는 이유를 묻는 시대이기 때문에 폭발적 매출은 올리기가 어렵습니다. 할 수 있는 것은 이미 알고 있는 방법으로 새롭게 더 큰 부가가치를 창출하는 일입니다. 그렇게 하면 비용도 훨씬 절약할 수 있습니다."

만약 당신이 경영자라면 이렇게 대답하는 직원에 대해서 어떻게 느낄 것인가?

"자네, 누구에게 무슨 말을 하는 거야?"

이렇게 말할까? 아니다. 그 반대이다. 오히려 '이 친구는 미래가 기대되는 친구군'이라고 생각할 것이다.

경영자로서는 회사의 존속이 가장 중요한 과제이다. 회사의 이득이 걸려있는 일이기 때문에 당연한 이야기이다. 그러나 경영자라고 만능맨은 아니다. 상담해 달라고 부탁하는 사람도 있고, 이상한 점을 보는 등 미신에 의존하는 사람도 있다. 그 정도로 앞으로 어떻게 나아가야 하는지에 대해 항상 불안감을 가지고 있다. 그런데 자신의 의견이 확실하고, 심사숙고하며, 일관성도 가진 직원이 있다면 매우 믿음직스럽게 보일 것이라는 점은 쉽게 이해할 수 있다.

출세하고 싶거나 높은 지위를 향해 치닫고 싶으면 반드시 일관성을 가져야 한다. 대부분의 경영자는 자신이 그런 일관성을 가지고 사업을 이끌어 가고 있기 때문에 자기와 비슷한 성향이 있는 사람을 이끌어주고 싶은 것은 당연한 감정이다.

단, 그렇게 일관성을 유지했음에도 불구하고 경영자가 싫어하는 모습을 보이거나 괴롭히기 시작한다면, 근로자를 착취하는 블랙 기업의 독재 사장이다. 그런 경영자는 당신을 시키는 대로 하는 로봇이라고밖에 생각하지 않기 때문에 빨리 회사를 떠나는 것이 현명하다. 있을수록 시간만 손해일 뿐이다.

No.33

무서운 임원에게도
자기 생각을 효율적으로 전달하는
네트워크 활용 커뮤니케이션

조직에서는 모든 사람이 피하는 임원이 한 사람 정도 있게 마련이다.

보통 '귀신 김 이사' 등의 이름으로 불리기도 한다. 특징으로는 매우 무섭고, 말투가 딱딱하고, 말소리는 크고 시끄럽다. 그리고 모든 사람에게 엄격하게 대한다. 직원들은 가능하면 그 임원의 눈에 띄지 않으려고 필사적으로 노력한다.

"A씨! 이 자료를 전무님께 가져다드리게."

과장이나 차장도 자신이 자료를 가지고 가면 혹시나 한마디 들을까 봐 두려워서 사원에게 부탁하는 경우가 빈번하다. 이럴 때 자료를 전달해 주는 역할을 기꺼이 해주는 것도 좋은 일이다. 어쨌든 '귀신'이라는 별명이 붙을 정도의 임원에게 의견을 말하거나 보고하는 일은 그리 간단한 일은 아니다. 물론 회사 문화에 따라 약간의 차이는 있지만, 만약 의견을 말하거나 업무 보고를 할 때 네트워크 장치를 활용할 수 있다면 이보다 더 좋은 도구(tool)는 없을 것이다.

2013년에 영국의 런던대학교(University Of London)에서 63명의 참가자를 대상으로 교섭 행동에 대한 실험을 했다. 참가자를 두 그룹으로 나누어 각각 다른 상대와 교섭하는 임무를 부여했다.

1. 자신보다 높은 지위에 있는 상대와 교섭한다.

2. 자신보다 낮은 지위에 있는 상대와 교섭한다.

실험 결과는 매우 흥미롭게 나타났다. 먼저 자신보다 낮은 지위에 있는 상대와 교섭한 그룹의 경우는 직접 얼굴을 맞대고 교섭하는 편이 성공할 확률이 높았다. 반대로 자신보다 높은 지위에 있는 상대와 교섭한 경우에는 화상통화 방식을 이용하는 쪽이 성공할 확률이 훨씬 높았다. 결론적으로 자신보다 높은 지위에 있어서 신경을 기울여야 하는 상대에게는 네트워크 장치를 통해서 커뮤니케이션을 기획하는 것이 좋다는 점을 알 수 있다.

"아니, 그건 곤란해요. 네트워크를 통해서 말씀드리는 것은 실례입니다."

이런 의견이 있을 수도 있다. 그러나 현재는 네트-커뮤니케이션 시대이고, 회사도 예외는 아니다. 옛날 생각에 머물러 있지 말고 반드시 네트워크를 활용하기를 권한다. 네트워크 장치를 통해서 커뮤니케이션을 기획한 방식에 참여한 그룹에는 여러 가지 많은 이득이 있다. 그리고 직접 만나는 것이 아니기 때문에 자신의 퍼포먼스도 쉽게 발휘할 수 있다.

조금만 생각해 보면 쉽게 알 수 있다. 실제로 눈앞에 본인이 있다면 분위기는 물론이고 상대방의 기분도 그대로 전달된다. 그 상대방이 자기보다 '높은 분'이라면 마음이 떨리고 머릿속이 새하얗게 될 수도 있다. 그런데 네트워크 장치를 이용하면 어떨까? 네트워크가 중간에 개입되면 서로 멀리 있는 것이기 때문에 두 사람 간의 느끼는 거리감이 변화한다. 서로 거리를 두는 것만으로도 '대화의 객관성'이 높아질 뿐만 아니라 지위에서 느끼는 영향력도 저하되기 때문이다.

사회적으로 종종 문제가 되는 '인터넷상의 불꽃 논쟁'을 예로 들어보자. 인터넷은 익명이라는 성질상으로 상대방과의 거리감을 느낄 수 없고, 서로 간의 지위에 따른 관계성도 사라지기 때문에 발생하는 문제이다. 대부분의 사람이 네트워크를 통해서는 큰소리를 치지만, 막상 본인 앞에 오면 아무 말도 하지 못하는 것이 보통이다. 왜냐하면 얼굴을 마주하고 있으면 거기서 관계가 생기고 거리감도 순식간에 가까워지기 때문이다.

물론 귀신 임원에게 보고하기 위해 모든 것을 네트워크 방식으로 하는 것은 가능하지 않다. 그렇지만 그와 동일한 효과를 나타낼 수 '있는 방법'이 있다. 이 방법을 사용하면 당신과 귀신 상사와의 사이에 본래 있었던 거리감도 점차 없어지기 때문에 어느 틈엔가 마음에 들지 않는다는 생각조차 없어질 것이다. 약간의 수고가 필요한 작업이지만, 실행하는 것과 하지 않는 것 사이에는 하늘과 땅 차이가 있다. 반드시 다음에 설명하는 요령으로 실천하기를 바란다.

먼저 자료나 보고서를 만들기 전에 그 내용을 아주 간결하고 알기 쉽게 요약하고, 마지막에는 간단한 자기 의견을 삽입한 동영상을 만든다. 그리고 그 동영상을 인터넷이나 인트라넷에 특정인 한정 공개로 링크를 걸어둔다. 동영상이 링크된 정보를 보고서와 함께 가지고 임원에게 간다.

"이것은 보고서입니다. 내용의 개요는 알기 쉽게 동영상으로 작성해 놓았습니다. 만약 필요하시면 봐주세요. 잘 부탁드립니다."

임원은 그런 당신의 보고를 듣고 반드시 동영상을 볼 것이다. 바로 그 지점에서 당신과의 거리감이 사라지고 모두가 무섭고 두려워하는 귀신 임원과의 관계성도 서서히 좋아질 것이다.

이것은 실천하면 어느 정도의 파괴력이 있는가를 쉽게 알 수 있다. 반드시 한 번 시도해보길 권하는 테크닉이다.

출세는 노력만으론 안 된다!
경영자의 눈에 쏙 드는

브릿지 토큰 *Bridge Token*

출세에는 실력과 노력 그리고 운이 따라야 한다는 것을 기회가 있을 때마다 설명한 바가 있다.

그런데 실제 대부분의 출세한 사람은 공통으로 "단순한 노력이라기보다는 죽기 살기로 했습니다. 그렇기 때문에 노력해서 안 되는 일은 없다고 생각합니다"라고 말한다. 여러분들이 모두 구토가 날 정도로 열심히 일하는 것도 틀림없는 사실이다. 그런데 그것을 노력이라고 생각하지 않는다는 것이 다른 점이다.

대부분의 출세하는 사람은 의식적이거나 또는 무의식적으로 행동하는 것들이 있는데, 그것은 '브릿지 토큰(Bridge Token)' 역할이다. 통상적으로 허브(hub)라고 부르기도 한다.

브릿지는 '다리 건너기', 토큰은 '상징 및 표시'의 뜻이다. 다시 말하면 사람과 사람을 연결해주는 교량 역할을 통해서 비즈니스를 크게 확장해 가는 사람을 뜻하는 상징적인 표현이다.

당신 주변에도 이런 사람이 있는가? 있다면 그는 회사 안팎으로 넓은 인맥을 가지고 있는 사람이다. 그런 사람이 '브릿지 토큰' 역할을 한다.

비즈니스 세계에서 '인맥이 능력을 뜻한다'라는 것은 널리 알려져 있다. 그런데 대부분의 사람이 누구를 소개받고 싶다고 요구할 뿐이지, 자기 스스로 '누구와 누구를 연결해주는 역할'을 하지 않는 것이 현실이다. 솔직히 말해서 그런 요구를 하는 사람은 모두 '상대방으로부터 돈을 뽑아내자'라고 생각하기 때문에 좋은 결과가 얻어지지 않는다. 그저 시간 낭비 이외에 아무것도 아니다.

그렇지만 여러 사람을 만나게 해주고, 서로를 연결해주는 역할은 상대방을 매우 기쁘게 한다. 왜냐하면 거기는 모두 윈-윈 (win-win)하도록 서로를 연결하는 교량 역할, 즉 브릿지 토큰이 처음부터 의도되어 있기 때문이다. 교량 역할을 하기 전에 "이러이러한 분이 계시는데, 뭔가 재미있는 비즈니스가 될지도 모른다고 생각합니다. 괜찮으시다면 소개해드리고 싶은데 어떠세요?"라고 동의를 구함으로써 상대방에게 그 만남을 선택하도록 하는 것이 좋다.

이런 교량 역할을 잘해서 돈을 벌어야겠다는 생각을 가지면 안 된다. 이런 이해관계를 빼고 소개해야만 나중에 자신에게 큰 이득이 되어서 반드시 돌아온다. 경영자로서 가장 고마운 사람이 이런 소개 역할을 담당해주는 사람이다. 비즈니스맨이 꿈꿔야 할 이상적인 목표는 복잡한 네트워크를 연결하는 중계자 역할, 즉 브릿지 토큰 또는 허브 역할을 하는 것이다.

그렇지만 대부분의 사람은 인맥을 어떻게 만들 수 있는지를 알지 못한다. 회사 내부이거나 거래처라면 나름대로 접점이 있어서 방법을 찾을 수도 있지만 그 외에는 인맥을 확장하는 방법을 찾기 어렵다. 그저 명함 개수가 많으면 인맥이 많다고 생각하면서 이런저런 업종이 섞여 있는 모임을 찾아다닐 뿐이다. 여기서 성공적으로 인맥을 넓히고 있는 사람이 하는 몇 가지 행동에 대해 살펴보자.

1. 인맥을 만들기 전에 자신의 목표를 명확히 할 것
2. 자신이 교류하고 있는 인맥을 정리할 것
3. 자신이 만들고 싶은 인맥을 만들기 시작할 것

먼저 1에 대해 설명하면, 무턱대고 인맥만 넓힌다고 좋은 것은 아니다. 인맥을 넓히는 목적이 무엇인지, 자기 스스로 어떤 위치를 성취하고 싶은지에 대해서 생각하다 보면 어떤 인맥을 만들어야 하는지 저절로 보일 것이다. 연봉 3억 원을 받고 싶다면 3억 원을 버는 사람들과 교류하지 않고는 그 무대에 나갈 수 없다는 것을 알아야 한다. 인맥을 개척하고 구축하는 일에도 똑같은 이치가 적용된다.

2에서는 현재 맺고 있는 인맥을 확실하게 정리하는 것이다. 1에서 이미 목표를 설정했으므로 거기에 맞지 않는 인맥은 일단 옆으로 제쳐두는 것이 좋다. 그 목표에 따라 우선순위를 정하고, 만약 그 시점에서 아직 인맥이 충분하지 않다고 느낀다면 새롭게 만들어나가는 것이다.

마지막으로 3의 실제 인맥을 만들어내기 시작할 때에는 아무리 급해도 다른 업종이 섞여 있는 모임에는 가지 않는 것이 좋다. 당신이 해야 할 것은 단 한 가지 '사람에게 의존하는' 일이기 때문이다.

"네, 이번에 우리 업계의 사장님과 인터뷰를 하고 싶은데 소개해 주십시오."

이런 식으로 부탁을 건넨다. 예를 들어 건축 관련 회사에 다니고 있다면 동일한 건설업계의 지인으로부터 그 회사의 사장을 소개받는 식이다. 소개받은 사장 중에서 인터뷰를 진행하고 감사의 인사를 전한 후에 이번에는 "아시는 사장님을 소개해주시겠습니까? 마찬가지로 인터뷰를 하고 싶습니다"라고 말한다. 이 방법을 반복적으로 행한다. 당신에 대한 느낌이 그다지 싫지 않다면 반드시 소개해 줄 것이다. 그렇게 주고받는 과정에서 모임을 주선해달라는 이야기까지 나오면 가장 좋은 일이다.

이런 일련의 일을 해낼 수 있는지 없는지에 당신의 출세 여부가 달려 있다고 생각하라. 수많은 사례가 증명하고 있듯이 사람과 사람을 연결할 수 있는 사람이 바로 성공하는 사람이다.

No.35

사장과 식사하는 기회에 이용할

미러 뉴런 *Mirror Neuron* 법칙

"사람에게 호감을 주는 사람은 미러 뉴런이 잘 작동하고 있다."

심리학이나 뇌과학책을 잘 읽은 사람이라면 알고 있는 말이다. '미러 뉴런(Mirror Neuron)'이란 이탈리아 파르마대학교 (University of di Parma)의 지아코모 리촐라티(Giacomo Rizzolatti)를 중심으로 한 신경생리학자 팀이 처음으로 발견한 생리 현상이다. 전문 용어로 설명하면 '신경 자극을 전달하는 신경세포'이다.

간단히 설명하면 당신이 아주 이완된 상태에서 권투 시합을 보고 있는 경우에 당신의 뇌 속에서 경기를 뛰고 있는 선수와 똑같은 근육 움직임을 지시하는 전기신호가 발생한다. 여기서 미러는 '모방'의 의미이다.

인간은 미러 뉴런 현상 때문에 상대방과 무의식의 영역에서 '연결되어 있다'라고 감각적으로 느끼게 된다. 틀림없이 당신도 경험이 있을 것이다. 예를 들어서 기분 나쁜 사람이 앞에 있으면 당신도 기분이 나빠진다. 반대로 기분 좋은 사람이나 즐겁게 웃고 있는 사람이 앞에 있으면 당신의 기분도 좋아진다. 상대방이 자신의 감정을 숨기고 있다 해도 인간에게는 감지할 수 있는 능력이 있다. 이런 경우에 사람들은 '분위기가 가볍다', '분위기가 무겁다'라는 식으로 표현한다.

어려운 말은 제쳐두고, 사람이 누군가에게 호감을 얻기 위해서는 미러 뉴런의 작용이 필요불가결하다. 왜냐하면 무의식중에 '이 사람이 좋다'거나 '이 사람이 싫다'라는 생각은 미러 뉴런의 작용에서 생기고, 특히 '공감'이라는 것이 중요하기 때문이다. 결국 직장의 상사들에게 호감을 줄 수 있는 것도 미러 뉴런의 작용과 관련이 있다는 뜻이다. 아주 중요한 이론이므로 관련된 정보를 잘 기억해 두기 바란다.

그렇다면 미러 뉴런 작용을 어떻게 활용하면 좋을 것인가? 당신이 회사에 근무하고 있으면 한 번은 사장과 식사를 할 때가 생길 것이다. 대기업이라면 부서 단위로 사장과 식사를 하는 모임이 있고, 작은 회사라면 식사할 기회가 더 많다. 함께 식사하는 이때야말로 가장 좋은 기회라는 점을 명심하라. 식사를 함께하는 이유는 물론 사장으로서 바라는 것도 있어서이지만, 진짜 이유는 따로 있다.

우리는 인간이지만 역시 동물이라는 사실은 변함없는 진실이다. 동물들이 식사하는 장면을 한 번 상상해보자. 항상 주변을 살피면서 자신의 먹이를 빼앗기지 않으려고 경계하면서 먹는다. 동물인 인간도 식사를 함께한다는 것은 사실 엄청난 신뢰 관계가 쌓여있지 않으면 쉽지 않은 일이다. 일부러 싫어하는 사람과 식사를 한번 해보면 쉽게 알 수 있다. 정말 밥이 목으로 넘어가지 않을 때도 있다. 서로 간에 신뢰가 없기 때문이다.

다시 말해서 함께하는 식사는 신뢰 구축의 장이고, 서로 간에 적의가 없다고 밝히는 '사인'을 교환하는 자리이다. 그러니 얼마나 식사 자리가 중요한지 알 수 있을 것이다. 그러면 이 신뢰 관계의 장에서 어떻게 하면 사장에게 미러 뉴런을 활용할 수 있을까? 우선 사장과 공감할 수 있는 부분을 찾아야 한다.

"아! 그 자리에서 공감할 수 있는 무엇인가를 한다는 말이군요."

그런 뜻이 아니다. 사장과 공감하기 위해서는 사전에 준비하는 것들이 필요하다. 무엇을 준비해야 할까? 경영자들이 쓴 책이나 다큐멘터리 혹은 경영자의 이야기를 소재로 한 영화 등을 많이 읽거나 보면서 지식을 쌓아야 한다는 뜻이다. 간단히 말하면 고용된 직원인 당신은 절대로 경영자인 사장의 생각을 알 수 없다. 같은 방식으로 사고하지 않기 때문에 공감할 수 없는 것도 당연하다.

그러나 많은 경영자에 관한 저서나 영상, 영화를 보면 당신의 머릿속에 서서히 '경영자의 사고'가 스며들게 될 것이다.

'만약 내가 사장이라면 어떻게 생각할까?'

이렇게 자문자답하는 것이 머릿속에서 자동화되면 사장과 공감하는 부분을 얻을 수 있다. 그런 공감을 사장은 곧 알아차릴 수 있다. 한두 마디 이야기를 나누다 보면 '오, 이 친구는 뭔가 좀 다른데'라고 느끼게 된다.

대부분의 사람이 자기와 같은 범주에 있는 인간 동지들과 만날 수밖에 없는 것은 다른 환경에 있는 사람과는 대화를 나누기 어렵고, 무엇보다도 서로 공감을 공유할 수 없기 때문이다. 필자도 예전에는 아르바이트하면서 비정규직으로 고용된 적이 있었는데, 경영자가 되어 비로소 당시 사장의 생각을 알 수 있게 되었다. 만약 회사에 다닐 때 그런 사고방식을 몸에 익혔다면 많은 일이 가능했을 것이다.

No.36

실적을 쌓아 더 높은 곳으로
향하기 위해서

인바이런먼트 *Environment* **효과**

'회사에 입사해서 경영진의 한자리를 차지하겠다'라는 야망을
품은 사람들이 있다.

필자의 개인적인 의견은 회사 임원 자리까지 올라갈 의욕이
있다면 자신이 사업을 일으키는 것이 좋다는 생각이지만, 그들
에게도 반드시 어떤 생각이 있기 때문일 것이다. 경영진에 들어
가고 나면 그전보다 더욱 많은 노력이 필요하고 업적을 내야 하
는 것은 물론이다. 그리고 고위 임원들과의 신뢰 관계도 쌓아야
하는 등 헤아릴 수 없을 정도로 많은 노력이 필요하다.

고위 경영진이 '이 사람은 임원이 되는 것이 앞으로 회사에
도움이 된다'라고 생각하게 만들려면 어떻게 해야 할까? 물론

여기서는 얕은 속임수가 통하지 않는다. 뛰어난 실력과 실적 그리고 운도 따라주어야 한다는 것이 최소한의 조건이라는 것을 생각하라. 또한 '인바이런먼트(Environment) 효과'를 활용해 보자. 인바이런먼트는 '환경'이라는 뜻이다. 즉 환경의 영향을 이용하는 테크닉이다.

당신은 열심히 노력하고 더 높은 성과를 내고 싶다. 경영진에게 인정받고 싶은 욕망이 있다면 일을 잘하는 사람 옆에 앉아라. 당신은 이것이 무슨 뜻인지 고개를 갸우뚱할 수도 있다. 무슨 의미인지 알아보자.

2017년 미국의 하버드대학교 비즈니스스쿨에서 실험을 실시했다. 비즈니스스쿨 학생 2,000명의 협조를 얻어서 그들이 2년에 걸쳐서 일하는 모습을 관찰했다. 조사 대상이 된 것은 대형 테크놀로지 회사이고, 다음 4가지 항목을 조사했다.

1. 직장에서 어느 자리에 앉아 있는가?

2. 일에 대한 열의

3. 일할 때 사용하는 시간

4. 일의 질

관찰 결과 2,000명은 대략 3가지 타입으로 나눌 수 있었다.

첫째, 프로덕션 타입이다. 대량으로 일을 하고, 일의 질에는 구애받지 않는 타입으로 전체 25%를 차지하고 있다.

둘째, 퀄리티 타입이다. 일의 질적 향상에 시간을 사용하고 일

의 양 자체는 적다. 전체 25%를 차지하고 있다.

셋째, 에버리지 타입이다. 프로덕션 타입과 퀄리티 타입의 중간으로 밸런스가 좋으며, 보통 전체 50%를 차지한다.

세 개의 타입이 판단된 후에 몇 가지 결과를 알 수 있었다. 먼저 프로덕션 타입과 퀄리티 타입이 이웃해서 앉아 일할 때 생산성과 효율이 17%나 상향했다. 또 에버리지 타입의 옆에 프로덕션 타입이나 퀄리티 타입을 배치하면 에버리지 타입의 생산성이 10% 정도 올라간다. 그리고 자리를 바꿨을 경우 효과가 곧 나타났다. 1개월 이내에 효과가 눈에 보일 정도로 현저하게 생산성이 향상된다.

이런 결과를 근거로 보면 열심히 노력하고, 업적도 쌓았으며, 운도 따른 상황에서 더 높은 자리를 향해서 나아가기 위해서는 자기보다 잘할 수 있는 사람 옆에 앉아야 한다. 사람이 힘을 상향시키고 싶을 때는 환경을 변화시키는 것만으로도 더 높이 나아갈 수 있다.

점점 실적을 신장하여 회사로서도 무시할 수 없는 지점까지 올라가야 한다. 그렇다고 해도 임원이 되어 경영진에 편입되는 것은 쉬운 일이 아니다. 그래서 인바이런먼트 효과를 활용해야 하는 것이다. 다시 강조하지만 경영진에 들어가기 위해서는 일을 잘할 수 있는 사람 옆에 앉아라! 이것만은 확실하게 머릿속에 기억해 두는 것이 좋다.

No.37

출세할 수 있는 사람이 되고 싶다면

멘탈 터프니스 *Mental Toughness*의 6가지 핵심

회사는 물론이고 회사 밖의 일반 사회에서도 성공하는 사람에게는 공통된 특징이 있다. 반대로 실패한 사람에게도 공통된 특징이 있다.

특히 '성공'이라는 세계에서는 '멘탈이 강함'에서 뭔가를 성취해내려는 힘이 생긴다. 그러나 그것으로 충분할까? 만약에 멘탈이 강하기만 해도 성공할 수 있다는 말이 정말이라면 군대 등을 경험한 사람들은 모두 성공했을 것이다. 그러나 현실에서 그렇지 않은 것을 보면 역시 다른 '무언가'가 있다는 것이다.

실제로 성공한 사람들은 공통으로 몇 가지 핵심 포인트를 갖고 있다. 이들은 핵심 포인트를 항상 숙지하고 철저히 지키기 때문에 돌로 떼어내려고 해도 떨어지지 않을 정도다. 거꾸로 말하자면 **핵심 포인트를 철저히 지켜나가면 자동으로 멘탈이 강해지면서 성공을 향해서 한 발씩 다가간다는 뜻이다.**

그러면 성공한 사람들이 멘탈을 강하게 유지하기 위해 어떤 포인트를 의식하고 실천하는지 살펴보자.

1. 맹세코 핑계를 대지 않는다. 어떤 비즈니스에서든지 반드시 실패는 있기 마련이다. 그러나 어떤 실패를 경험하더라도 절대로 핑계를 대지 않겠다는 맹세를 자기 스스로 한다. 핑계를 대서 자기의 상처를 작게 만들려는 자세는 반드시 누군가가 지켜보고 있다. 핑계를 대지 않겠다는 맹세만은 꼭 관철해 지키도록 하자.

2. 타협하지 않는다. 처음 시작단계에 마음먹고 머릿속에 그리는 목표가 있다면 도중에 무슨 일이 있어도 타협하지 않는다. 작은 부분이라도 '이 정도면 되겠지?'라고 타협하기는 쉽지만, 절대로 타협하지 않으려고 힘쓰는 것으로 멘탈이 강해지고 성공으로 연결된다는 점을 잊지 말자.

3. 직감을 믿는다. 그때그때 순간적으로 떠오르는 것을 직감이라고 부르는 사람이 있다. 하지만 여기서 말하는 직감은 조금 다른 의미이다. 주변의 다양한 의견도 듣고, 모두 소화한 다음에 자기 생각을 심사숙고하여 검토한 후 남아 있는 선택 대안

중에서 직관적으로 떠오르는 생각을 믿는다는 뜻이다.

4. 나중에 하는 것은 절대 없다. 우선 행동하고, 행동하면서 생각해야 한다. 나중에 한다는 것은 근본적으로 좋은 일이 아니다. 생각하기 전에 행동한다. 하려는 마음이나 동기가 생겨날 때까지 기다리는 사람도 많지만, 성공하는 사람들은 전부 먼저 '움직이고' 이어서 발동 걸리는 사람이다. 어쨌든 행동해서 실행하는 것이 중요하다.

5. 주위의 반응에 신경 쓰지 않는다. 윌리엄 앤 메리대학 (College of William & Mary)에서 800명의 기업인을 대상으로 한 조사에 따르면, 성공한 사람에게 반드시 보이는 공통 특징이 '실패를 두려워하지 않는 것'과 '주위의 반응에 신경 쓰지 않는 것'이다. 당신의 주변에도 사람의 시선을 지나치게 신경 쓰는 사람이 있을 것이다. 그런 사람 중에는 성공한 사람이 거의 없다.

6. 어쨌든 계속한다. 말 그대로 결정된 것은 계속하는 것이 좋다. 무슨 일이 있더라도 지속한다는 원칙을 지켜나간다.

이상의 6개 핵심 포인트를 특별하게 의식하고 매일 행동으로 옮긴다면, 반드시 멘탈이 강해지고 당신을 성공으로 이끌 것이다.

멘탈을 단련시키는, 즉 멘탈 터프니스(mental toughness) 방법을 알려주는 책은 많이 출간되어 있다. 대부분의 내용은 신체 트레이닝 방법 위주다. 그저 멘탈이 강해진 기분을 느끼고 싶다면 어느 방법을 사용해도 상관없다. 그러나 진심으로 '멘탈이 강해지고 싶다'면 소개한 6개 핵심 포인트를 우직하게 실천해 보길 바란다. 신체 트레이닝만으로는 진정한 의미에서 멘탈이 강해지지는 않는다.

수년 전 영국에서 있었던 일이다. 신체 트레이닝으로 멘탈을 강하게 만들었다고 큰소리치던 남성의 면전에서 테러 사건이 발생했다. 평소 큰소리치던 그 남성은 자기 앞에 있던 여성들을 밀쳐버리고 도망쳤다. 도망치다가 팔에 총알을 맞고 현장에서 실신했다는 웃지 못할 이야기이다. 강한 멘탈은 해야 할 일을 우직하게 믿고 실천해야만 비로소 몸에 익숙해진다.

요즘은 물질적으로 풍부해졌지만 정신적으로는 매우 피폐해졌다고 느낀다. 우울증이나 정신병 환자가 급증하고 있는데, 그 배경에는 멘탈이 약하기 때문이 아닌가 생각한다. 달리 말하자면 멘탈이 약한 사람이 증가한다는 것이기 때문에 그중에 확실하게 멘탈이 강해질 수 있는 사람이 있다면 회사의 경영진들도 그를 놓치는 일은 없을 것이다.

No.38

많은 사람에게 유능하다고 평가받는

오더 메이드 *Order-Made*

　회사에 근무하고 있으면 회사 밖에서 인맥을 쌓을 기회가 많다고 생각한다.

　그러나 회사 밖에서 만난 사람들은 당신이 근무하는 회사와 유사한 수준에서 일한다. 그 증거로 당신이 독립하는 경우에는 지금까지 연결되어 있던 사람들이 손바닥을 뒤집듯이 돌변하여 아무도 상대해주지 않는다. 그런 상황이 올 것을 예상하지 못했을 것이다. 자신이 독립해서 일을 잘할 수 있다고 생각했지만, 회사에서 일할 때는 회사의 간판을 배경으로 일을 할 수 있었다는 사실을 알게 되면서 느끼는 충격이란 실로 엄청나다.

　물론 회사에서 독립한 사람들이 모두 그렇지는 않다. 그중에는 회사에서 고객이었던 사람들을 그대로 끌어안고 자신의 비즈니스를 시작하는 사람도 있다. 그렇다면 두 상황의 차이는 무엇일까?

본인이 얼마나 유능한지 또는 사람으로서의 매력이 얼마나 있는지 등의 사항도 관련이 있다. 그러나 그것보다 더 중요한 한 가지가 있다. 바로 '오더 메이드(Order Made)'이다. 오더 메이드라 하면 양복을 떠올리는 사람들이 있을 것이다. 맞다. 옛날부터 '복장'에 따라서 사람이 평가되었다는 것을 우리는 잘 이해하고 있다. '차림새가 그대로 그 사람을 나타낸다'라는 말도 있듯이 사람들은 복장을 보고 상대방에 대한 호감도를 달리한다. 호감을 느끼기도 하고, 반대로 호감을 느끼지 못하기도 한다.

유능한 사람으로 평가받기 위해서는 어떤 옷을 입어야 할까? 물론 많은 사람이 '양복'이라고 대답할 것이다. 그러나 그것만으로는 차별화되기 어렵다.

1996년에 영국에서 300명의 참가자를 대상으로 실험을 했다. 참가자들에게 다양한 차림을 한 남녀의 사진을 보여주면서, '이 중에서 머리가 좋을 것 같은 사람, 일을 잘할 것 같은 사람을 고르세요'라는 설문에 답하도록 했다. 사진의 남녀는 여러 가지 패션으로 치장하고 있었다. 그중에는 고급 양복도 있고, 기성복도 있었다. 설문 결과 다음과 같은 사실을 알 수 있었다.

1. 300명의 참가자는 사진의 복장을 보고 단 3초 만에 일을 잘

일단은 액면가야…

할 수 있는 사람인지 아닌지를 판단했다.

2. 일을 가장 잘할 수 있을 것이라고 꼽은 사람은 브랜드와 상관 없이 '수제(order-made) 양복'을 입은 사람이었다.

결국, 사람에 관한 판단은 3초 만에 이루어지며 가격과 관계 없이 '몸에 딱 들어맞는' 옷을 입으면 일을 잘할 수 있는 것으로 평가받는다. 이때 당연히 상대에 대한 호감도도 높다. 단, 이 실험의 결과는 상대방이 '같은 수준'이거나 '높은 수준'인 경우에 한정된 결과이다. 만약 당신이 상대방보다 높은 수준인 경우라면 다른 복장을 해야 할 것이다.

2014년에 미국의 하버드대학교에서도 비슷한 실험을 진행했다. 이때는 대학교수의 복장에 대한 실험이었는데, 약간 캐주얼한 옷을 입은 교수가 유능하게 보인다는 결과를 얻었다.

호리에 다카후미(堀江貴文)가 처음 세상 사람들 앞에 모습을 드러냈을 때, 사실 많은 지식인은 "복장이 저게 뭐야? TPO를 전혀 분간 못하네"라며 난리였다. 그러나 당시 젊은이들의 눈에는 호리에가 '유능한 사람'으로 평가되었다. 그때를 시작으로 기업가에는 캐주얼한 복장이 유행했다(TPO는 시간(time), 장소(place), 경우(occasion)로 옷을 입을 때 지켜야 할 기본원칙을 뜻한다).

자유스러운 복장을 한 사람에게 '권위에 따르지 않는 모습이 좋다'거나 '상식에 얽매이지 않는 유능함'이라는 이미지가 완성되었다. 호리에는 이것을 실험적으로 성공시킨 사람이었으니,

'복장에 따른 심리학'을 잘 이해한 사람이다.

만약 당신도 회사 밖의 사람들에게 자신의 유능함을 보여주고 싶다면 상대방과 상대적 입장을 고려하여 복장을 선별해야 한다. 물론 여기에는 당신의 '진짜 유능함'이 필요하다. 확실하게 고객이 믿을 만한 유능함을 보여주어야 한다. 그렇지 못한다면 '처음에는 꽤 유능하다고 생각했는데, 지내다 보니 점차 적나라한 실체가 드러나게 되었다'라는 것을 경험해야 할 것이다. 오더 메이드는 어디까지나 당신의 유능함을 보다 두드러지도록 도와주는 테크닉이다.

No.39

최강의 심리학적 설득술,
먼저 몸에 익히고 싶은
BYAF 기법

상대를 설득할 수 있는 재주가 없으면 출세하기 힘들다.

설득하는 기술은 이른바 비즈니스에서 최강의 무기이고, 이 기술을 몸에 익히지 못하고 출세한 사람은 지금까지 본 적이 없다. 심리학 세계에서는 가장 효과가 높다고 알려진 설득술이 있다. 그것은 'BYAF 기법'이다. 유명한 기법이지만 의외로 많이 사용되지 않는 테크닉이다.

BYAF 기법은 'But You Are Free'의 머리글자로 '하지만, 최종 결정은 당신의 자유입니다'라는 뜻이다. 그러면 실제로 어떤 느낌인지 살펴보자.

"이 카메라는 최신 1안 리플렉스 기구가 내장되어 있어서 많이 팔린 제품입니다. 지금은 SD 메모리카드로 촬영 후 바로 보존할 수 있습니다. 어떻습니까?"

일반적인 영업 멘트이다. 처음부터 살 마음이 있으면 물론 살 것이다.

"이 카메라는 최신 1안 리플렉스 기구가 내장되어 있어서 많이 팔린 제품입니다. 지금은 SD 메모리카드로 촬영 후 바로 보존할 수 있습니다. 물론 살지 말지는 고객님의 자유입니다만."

어떤 차이를 느끼는가? 이 책을 계속 읽어 온 사람이라면 '사람은 자유를 구속당하는 것을 싫어한다'라는 말을 잘 이해하고 있을 것이다. 바로 이 테크닉은 이런 인간의 심리를 확실히 파고드는 기법이다. '아니, 뭐가 어떤데요? 그다지 달라진 것도 없는데…'라고 느낄 수도 있다. 하지만 그렇지 않다. 이 테크닉은 끝부분에 단지 '고객의 자유'라는 표현을 넣었을 뿐이지만, 상대를 설득시킬 확률은 2배가 된다. 이것은 심리적 실험을 통해서 반복적으로 입증된 사실이다.

2012년 미국의 서던일리노이대학교(Southern Illinois University)에서 BYAF 기법에 대해 실험했다. 과거에 실행되어 세계적으로 유명한 설득술 실험 결과에서 신빙성이 높은 42건을 선별해서 철저하게 내용을 조사했다. 조사 결과는 대부분의 실험에서 BYAF 기법이 사용되었다는 것이다. 이 테크닉의 유효한 부분은 앞에서 설명한 바와 같이 최종 결정은 상대에 맡김으로써 상대의 자유를 구속하지 않는 것이다.

"부장님, 이 안건은 오늘 마무리되는데 상부에 보고해도 괜찮을까요?"

이렇게 말하는 것은 부장의 자유를 속박하는 것이다. 제출하지 않으면 안 된다는 식으로 선택의 자유가 없어진다. 당연히 불쾌감을 느끼게 된다.

"부장님, 이 안건은 오늘 마무리되는데 상부에 보고해도 괜찮을까요? 부장님께서 결정해 주십시오."

이 경우라면 부장님의 자유가 확보되어 있기 때문에 기분이 나빠지지 않게 될 것이다.

"사장님, 이번 회의는 자료 배부 없이 진행되기 때문에 준비하지 않았습니다."

사정을 모르는 사장은 '대체 누가 그런 것을 결정하고, 무슨 권한으로 그렇게 말하고 있는 거야?'라고 느낄 것이다.

"사장님, 이번 회의는 자료 배부 없이 진행되기 때문에 준비하지 않았습니다. 물론 사장님께서 결정해 주셔야 합니다. 필요하시면 금방 준비하겠습니다."

이렇게 말하면 사장에게도 자유를 부여한 것이므로 문제없이 회의가 진행될 것이다. 무엇보다도 이런 화법을 사용하는 사람의 인상이 좋아지는 것은 말할 것도 없다. 이것은 비즈니스만이 아니라 어떤 일이든지 모두 사용할 수 있는 편리한 테크닉이다.

예를 들어서 후배에게 일에 대해 상담을 받았다고 해보자.

"선배님, 이 일을 그만두고 싶어요. 절대로 하지 않으려고 해요."

"그래? 나도 그런 생각을 할 때가 있었어. 그래도 절대 사표를 쓰면 안 돼. 그것은 도망치는 것과 같아. 도망치면 평생을 꼬리표처럼 붙어 다닐 거야."

강하게 만류하고 싶은 생각은 알겠지만, 이렇게 하면 강요하는 것과 다를 게 없다.

"그래? 나도 그런 생각을 할 때가 있었어. 그래도 절대 사표를 쓰면 안 돼. 그것은 도망치는 것과 같아. 도망치면 평생을 꼬리표처럼 붙어 다닐 거야. 하지만 자네의 삶이고 사표 쓰는 것도 자네의 자유니까 스스로 잘 결정했으면 좋겠어."

이렇게 말하면 일을 그만두려는 결심이 어딘가 흔들린다는 느낌이 보이지 않는가? 이것이 BYAF 기법의 위력이다. 상대의 자유를 속박하지 않고, 그러나 전달하려는 메시지는 확실하게 전달하는 심리학의 설득술이므로 꼭 몸에 익혀서 사용하기 바란다.

회사에서 동료들과 확실한 우호관계를 유지할 수 있다면,
동료는 틀림없이 신뢰할 수 있는 존재이다.

제 5 장

동료는 전우이자
라이벌, 좋은 관계를
지속시키는 심리술

No.40

동료의 신뢰를 얻을 수 있는
공통의 적

회사에서 동기란 불가사의한 존재이다.

때로는 전우가 되기도 하고, 때로는 라이벌이 되기도 한다. 회사에서 승진하여 함께 기쁨을 맛보는 일도 있지만, 서로의 발목을 잡아서 끌어내리는 일도 있다. 물론 확실하게 우호 관계를 유지할 수만 있다면 동기는 틀림없이 신뢰할 수 있는 존재이다. 승진을 위해 노력할 때, 서로 적이 되어서 경쟁하고 싶지 않은 것이다.

동기의 신뢰를 얻고 좋은 관계를 유지하기를 원한다면 반드시 '공통의 적'이라는 테크닉을 사용하기를 권한다. 공통의 적이란 '우리의 적'이라는 의미이다. 다시 말해서 동기와 나에게 공통으로 적이 되는 대상을 만든다는 것이다.

사람들은 공통의 적이 있으면 단결하게 된다. 예를 들어서 당신이 어떤 상사를 싫어한다. 그런데 다른 사람으로부터 "사실은 나도 싫어하고 있었는데…"라는 말을 듣게 되면 어떤 기분이 들지 생각해 보라. 그런 말을 듣는 순간 서로 간의 거리감이 사라지고 매우 친밀한 사이가 되지 않을까?

동기 사이의 동료의식은 어떻게 구축되는지 먼저 살펴보자. 심리학자 허브 골드버그(Herb Goldberg)에 의하면 동료의식의 이면에는 우정이 있고, 우정은 3단계를 거쳐서 다져진다고 한다.

제1단계 '도움을 위한 우정' : 비즈니스 등의 이해관계가 있다.

제2단계 '목적 지향의 우정' : 같은 목적이나 목표를 가진다.

제3단계 '진정한 우정' : 이해득실을 생각하지 않고, 잘 아는 사이가 된다.

이렇게 3단계를 거쳐서 비로소 진정한 동료의식을 쌓을 수 있게 된다. 공통의 적을 만들면 순식간에 제2단계인 '목적 지향의 우정'으로 발전할 수 있다. 일반적으로 제1단계는 서로 간의 이해관계가 위주가 된다. 득(利)의 비중이 높으면 문제가 없지만, 실(害)이 많은 경우라면 다음 단계로 발전하기 어렵다. 단지 많은 시간이 지났다고 해서 다음 단계로 발전한다고 보장하기도 어렵다. 이럴 때 '공통의 적'을 만들면 순식간에 제2단계로 진행

된다. 가장 현명한 방법이고 시간도 낭비하지 않을 수 있다.

"너 그 말 들었어? K씨 말이야, 사장하고 한판 했다던데. 그런데 같은 부서인 우리도 자기와 같은 생각이라고 말했단다. 자기 멋대로 그렇게 말했다니 너무 당황스럽지 않냐?"

"엥? 정말이야? 우리도 그렇다고? 너무 당황스럽네. 그건 아주 잘못한 거 같아."

이런 간단한 대화로 공통의 적은 간단하게 만들어진다. 단, 반드시 사실을 근거로 말해야 한다. 근거도 없는 헛소문으로 공통의 적을 만든다면 나중에 '뭐? 그 말이 거짓말이야? 이 친구 조심해야겠는데'라고 생각하여 오히려 당신이 남들에게 공통의 적이 될 수도 있다.

사실 이 테크닉은 유사 이래로 사람이 의식적으로 혹은 무의식적으로 행하던 행동이다. 그 구조는 마치 왕따, 즉 집단따돌림을 만드는 구조와 유사하다. 학생 시절로 되돌아가서 당시 같은 반 친구들을 생각해보자. 왕따를 주도하는 친구 혼자서는 괴롭히려는 목표 학생에 대해 행동을 일으키지 못한다. 반드시 몇 명이 어울려야 괴롭힘이 가능해진다. 이것은 무리를 이루어 상대를 대하는 '집단 파라노이아(paranoia) 구조'이다. 인적 네트워크가 만들어지면 편집성이 폭발적으로 확대되기 때문이다.

그러나 주의할 것은 이 테크닉으로 쌓아 올린 관계성은 의외로 취약한 부분이 있는 구조이다. 특히 당신이 거짓말을 해서

'뭐야? 저 사람은 진실을 말하지 않네'가 되면 제1단계 이해관계에서 신뢰의 토대가 만들어지지 않는다. 그런 상황에서는 그 단계의 신뢰조차 무너지는 것이 순식간이다. 다시 말해서 사실에 근거하지 않고 이 테크닉을 쓴다면 단기적으로 효과가 있을지 몰라도 장기적으로는 3단계의 확실한 신뢰 관계 구축은 어렵다.

마지막으로 '공통의 적' 테크닉에서 주의해야 할 부작용에 대해 지적하고자 한다. 누군가와 함께 공통의 적을 만들어서 서로 신뢰 관계를 구축하고 있는 상태라고 가정하자. 이런 상태가 되면 사실은 '특별한 암시를 걸기 쉬운 상태'이다. 즉 공통의 적을 만든 진영이 마음먹기 따라서는 어떠한 심리조작도 가능해진다는 의미이다.

예컨대 집단 따돌림의 경우에도 우두머리 주모자의 명령은 함께 하는 집단이 괴롭힘 피해자를 죽음까지 이르게 하는 원인이 된다. 이 집단들은 정확한 판단력을 잃어버린 상태다. 더구나 심리적으로 쉽게 감염되고, 개인의 도덕적 자각도 최저 수준으로 떨어져 있다. 그래서 무책임할 뿐만 아니라 쉽게 동물적 행동을 저질러서 파괴적인 행위를 멈출 수 없는 상태에 이르게 되므로 주의해야 한다. 따라서 이 테크닉은 '동료와의 신뢰 의식을 빠르게 구축하기 위해서'만 사용하고, 공통의 적에 대하여 더 이상의 다른 행동으로 발전시키는 것은 절대로 하지 말아야 한다.

사적인 거리를 확실하게 유지하는

조건 형성

심리학을 전공한 사람이 아니라도 '파블로프의 개'에 대해서는 한 번쯤 들어본 적이 있을 것이다.

파블로프의 개는 러시아 생리학자 이반 파블로프(Ivan P. Pavlov) 가 1902년에 발견한 현상이다. 개에게 먹이를 줄 때 반드시 종을 치고 나서 먹이를 주는 행동을 지속적으로 반복했더니 그저 종소리만 울렸을 뿐인데도 개가 혀를 내놓고 침을 흘리고 있었다는 내용이다.

개에게 '종소리 = 먹이'라는 조건이 성립된 것이다. 그렇기 때문에 먹이와 전혀 상관이 없는 종소리만 들어도 신체가 반응하게 된다는 말이다. 지금은 '파블로프의 개'라고 하면 조건이 형성됨에 따른 반사, 즉 '조건 반사'를 의미한다.

인간도 개와 똑같아서 의외로 조건을 형성하고 있다. 유아기부터 지금까지의 인생에서 경험해 온 것 중에 많은 경우에 조건 반사를 지니고 있다. 파블로프의 개 실험에서 특정 자극에 대해서 특정 반응이 나타나는 '자극과 반응' 모델이 사람에게도 똑같이 있다. 사람도 조건이 형성되면 반사적으로 반응을 일으킨다는 뜻이다.

흡연자의 예를 들어보자. 실제로 대부분의 흡연자가 담배를 피우는 타이밍은 거의 동일하다. 이것이 바로 조건형성이다. 그 타이밍은 '식사를 한 다음', '아침에 일어나서', '초조할 때 또는 불안감을 느낄 때' 등이다. 때때로 2~3시간 담배를 피우지 않으면 "니코틴이 떨어졌다"라고 말하는 사람도 있는데, 그것도 역시 조건을 형성하는 요인이다.

이런 조건은 자신이 스스로 만들어 붙인 조건일 뿐이다. 정말로 니코틴이 떨어진 것을 느끼는 일이 생긴다면 8시간 이상 잠을 자는 도중에도 일어나서 담배를 피워 니코틴을 채워야만 한다. 물론 '담배 의존'이라는 신경 정신적 의존병에 걸린 사람도 있겠지만, 조건형성에 따른 반사행동으로 흡연하는 경우가 대다수이다.

이제 사람들이 조건 형성에 따라 움직인다는 것이 이해되었다. 그렇다면 회사에서 '동료와 거리를 두기 위한 조건'은 어떻게 만드는 것이 좋은지 알아보자.

"이번에 동기들끼리 모두 모여 골프 경기라도 해볼까?"

동료가 이런 말을 했다고 가정하자. 그런데 당신은 개인적인 프라이비트를 대단히 중요하게 생각한다. 그렇지만 동료의 제안을 거절하면 동기로서의 관계에 균열이 생길 가능성이 있을지도 모른다. 이런 경우야말로 준비했던 조건을 동료에게 형성시켜줄 기회이다.

"초대해줘서 고마워. 골프를 너무 오래 안 했더니 바로 가서 치기가 어렵네. 고맙고 미안해. 앞으로도 해보고 싶긴 한데, 가능하면 한 달 전쯤에 미리 알려주면 좋겠어."

이것으로 모든 것이 완료된다. 간단하다. 당신에게 골프를 함께 하자고 권하려면 '1개월 전에 말하지 않으면 힘들다'라는 조건이 생긴 것이다. 갑작스러운 스케줄로 동료들이 스키를 타러 가게 되는 경우에도 주최자는 '아, 그 친구는 안 될 거야. 한 달 전에 스케줄을 비워두지 않으면 곤란하다고 했어'라는 생각을 떠올리게 된다. 결국 당신에게 참가하라고 강요하는 일은 없을 것이다.

개인 생활을 중요시한다면 반드시 동료들에게 조건을 형성시켜 두는 것이 좋다. 그것으로 번거로운 일이 없어지고, 확실히 개인적인 자유를 만끽할 수 있다.

No.42

'아니 땐 굴뚝에 연기 날까?'
이상한 소문을 잠재우는

_시스루 이펙트 *See-through Effect*

'아니 땐 굴뚝에 연기 날까?'라는 속담이 있다.

그렇지만 현대 사회에서는 그렇지 않은 경우도 있다. SNS의 발달로 인해 익명으로 모든 것을 발신할 수 있는 시대이다. 그 대표적인 사례가 페이크(fake) 뉴스이다. 엉터리 가짜 내용을 제멋대로 사실인 것처럼 발신하는 경우가 많아서 지금은 거꾸로 '정보의 진위를 가려내는 눈'을 가져야 한다.

실제로 인간이라는 존재는 소문에 열광하는 경향이 있다. 그렇기 때문에 사람을 흥미 위주로 다루는 가십(gossip) 잡지도 팔린다. 그런데 만약 그 소문의 대상이 당신이라면 가만히 있을 수는 없을 것이다. 더구나 소문이 성적인 문제와 연결되어 돌아다니는 경우라면 더욱 큰 문제일 수밖에 없다.

"그 J씨 말이야, 부장님과 가깝게 지내는 것 같아. 얼마 전에 둘이 손잡고 호텔이 밀집해 있는 거리로 걸어가더라는 소문이 있어."

"비서실의 H씨, 얼마 전에 사장실에 들어가더니 1시간이 넘도록 나오지 않더라고. 거기서 뭘 하고 있었던 걸까?"

이런 소문이 진짜 자신의 행동으로 인해서 생긴 것이라면 어쩔 수 없지만, 자기 행동과는 전혀 무관한 경우라면 확실하게 대처해야 한다. 그렇지 않으면 '아차' 하는 순간에 거짓이 진실로 탈바꿈해 버린다.

이런 소문을 멈추게 하기 위해서는 어떻게 하면 좋을까? '소문이 생기는 것' 자체를 멈추게 하기는 불가능하다. 인간이 존재하는 한, 어느 시대를 막론하고 소문은 있었다. 당신을 못마땅하게 생각하는 사람은 어디든지 있을 수 있고, 또 당신을 추락시키기 위해 소문을 만들고 확산시킬 수도 있다.

여기서 소개할 '시스루 이펙트(See-through Effect)'는 지금 막 퍼져나가기 시작한 헛소문을 정지시키기 위한 방법이다. 남성과 여성이 모두 사용할 수 있는 방법이다. 만약 당신에 관한 헛소문이 퍼지기 시작한 것을 알게 된다면 꼭 사용해보기 바란다. 이 방법은 '근거 없는' 헛소문일 때만 효과가 있고, 만약 소문이 사실이라면 분명하게 책임져야 한다.

시스루란 '보지만 보이지 않는', 즉 '투명'을 의미한다. 그렇다고 소문이 돌기 시작해도 무시하라고 말하는 것은 아니다. 소문이 퍼지기 시작하면 회사 사람들의 수군거림을 투명하게 만들어야 한다는 의미이다. 이 테크닉은 순서가 있기 때문에 반드시 차례대로 실천해야 한다.

1. 소문이 돌고 있다는 사실을 알아차리면, 먼저 왜 소문이 돌기 시작했는지를 분석한다.
2. 신용할 수 있는 사람이나 중요 직책에 있는 사람들에게 소문 내용이 거짓이라는 사실을 알린다.
3. 소문의 발신처가 누구인지 알았다 해도 책임을 묻는 말투로 따지거나 싸우지 않는다. 그저 소문을 멈추도록 주의를 준다.

1의 소문 분석에서는 먼저 소문의 진위를 확인해야 한다. 만약에 소문이 자기가 잘못한 일 때문에 생긴 것이라면 어찌할 방법이 없다. 만약 거짓이라면 그 내용에 해당할 수도 있는 비슷한 행동을 하지는 않았는지 생각해 본다. 예를 들어 '상사와 호텔이 밀집한 거리로 들어갔다'라는 소문이라면, 실제 회사 회식이나 모임이 끝난 후에 상사와 함께 귀가하면서 호텔이 밀집된 거리 부근을 지나간 적은 없는지를 체크해보는 것이다. 이 부분이 확인되면 '소문이 시작된 원인'이 추정되기 때문에 그 상사와 함께 협력해서 소문을 지우는 일도 가능하다.

2에서는 소문이란 틀림없이 회사 전체로 퍼질 것이기 때문에 먼저 선수를 쳐야 한다. 대부분의 소문은 임원들 귀에도 들어가기 때문에 그전에 미리 알려주는 것이다. 소문보다 내가 먼저 가서 말하면 임원은 소문을 회의적으로 생각한다. '선제공격이 반드시 이긴다'라는 말이 있듯이 먼저 선제공격을 할 필요가 있다.

마지막으로 3은 매우 중요하다. 소문의 발신처를 알면 크게 화가 나는 심정은 어쩔 수 없다. 그래도 공격적인 태도를 취하면 안 된다. 말을 듣고 있는 사람에 따라서는 마치 당신이 자기를 질책하는 것이라는 심리가 생긴다. 당신을 오히려 가해자로 생각하게 된다는 말이다. 그러므로 냉정하게 '객관적인 사실'과 '나의 감정'을 전달해야 함을 기억해야 한다.

이렇게 하면 거짓말처럼 소문이 사라진다. 더구나 이런 일련의 행동은 오히려 당신에 대한 신용이 증대되는 효과도 있다. 따라서 자신과 관련된 헛소문이 돌기 시작하면 '시스루 작전으로 소문의 투명도'를 높여라. 물론 이러한 일이 생기지 않는 것이 가장 좋지만, 혹시라도 생긴다면 당황하지 말고 꼭 활용하길 바란다.

No.43

상사의 '편애'를 쟁취하는

런천 Luncheon 테크닉

"이거, 복사 좀 부탁할까요?"

같은 동기라도 항상 부탁을 받는 사람과 그런 부탁을 전혀 받지 않는 사람이 있다. 대체 어떤 차이가 있는 것일까?

솔직하게 말하면 복사는 누구나 할 수 있는 일이다. 이런 일을 맡긴다는 것은 '중요한 일은 맡길 수 없다'라는 낙인을 찍는 것과 비슷하다고 생각해도 된다.

반대로 같은 동기면서도 상사로부터 편애를 받으면서 불필요한 잡무는 하지 않는 사람도 있다. 이른바 상사의 편애를 받는 사원이다. 편애를 받는 동기를 밀어내고, 그 자리를 쟁취하는 방법으로 '런천(luncheon) 테크닉'을 소개한다.

"이번에 꼭 식사를 함께하시죠?"

"이번에 꼭 술 한잔 같이합시다."

사적으로든 업무적으로든 이런 말은 종종 사용한다. 상사를 초대할 때는 물론이고, 사적으로 관심 있는 사람에게 접근할 때도 이런 말을 사용한다. 그렇다면 상대와 사이좋게 지내고 싶을 때 또는 신뢰 관계를 쌓고 싶을 때, 왜 식사를 같이하자고 말할까? 먼저 이 말이 지니는 의미를 확실하게 파악해보자.

"식사하면서 대화를 나누면 상대방에게 좋은 감정을 갖게 할 수 있다."

미국의 심리학자 그레고리 라즈란(Gregory Razran)이 실험으로 밝힌 내용이다. 서로 입장이 엇갈리는 교섭처럼 쉽게 받아들이기 어려운 주제라도 맛있는 식사를 하면서 대화하면 합의에 이를 확률이 훨씬 높아진다는 것이다. 사람들은 맛있는 식사를 하고 있을 때 긍정적인 인상을 받는다. 그 긍정적 인상은 대화하고 있는 상대방이나 대화 내용에도 영향을 미친다. 맛있는 음식을 먹거나 술을 마실 때는 '쾌락 호르몬'이라는 베타 엔도르핀이 분비되는데, 이 쾌락 상태가 업무 내용에 반영되는 것이다.

그레고리 라즈란은 실험참가자들과 함께 식사하면서 자신의 정치적 견해를 설명하는 실험을 했다. 식사가 끝난 후에 실험참가자들에게 자기의 정치적 의견에 대해서 어떻게 생각하는지 물어보았다. 그 결과 실험참가자들이 라즈란의 정치적 견해에 호의적 평가를 하는 비율이 식사 전보다 훨씬 높아졌다. 다시 말해 맛있는 식사에서 느끼는 이미지가 바로 앞에서 식사를 함께하는 사람에 대한 이미지로 전이된 것이다.

이 점에 대해 이해가 되었으면 '런천 테크닉'이 왜 효과적인지 알 수 있을 것이다. 중요한 사람을 만날수록 식사 장소에 더욱 신경을 쓰는 이유는 식사로부터 느끼는 맛, 분위기, 고급스러움 등이 그대로 자기 이미지가 되기 때문이다. 그러므로 '겨우 식사'라고 무시해서는 안 된다. 식사의 맛이 당신의 이미지가 되기 때문에 상사와 같이 식사할 기회가 있다면 반드시 맛있는 음식 또는 상사가 좋아하는 식사를 함께하는 것이 중요하다. 이런 식사를 반복하다 보면 상사는 당신이 마음에 들게 될 것이다.

이 테크닉의 런천은 기본적으로 점심 식사라는 의미이지만, 상사에게 함께 식사하기를 초대한다면 가능한 저녁 식사로 자리를 마련하는 것이 좋다. 아마도 실제로 대부분의 경우가 그럴 것이다. 피로를 풀기 위하여 술을 한잔하면서 식사를 하면 소화 기계통으로 혈액이 집중되고 뇌로 올라가는 혈액은 감소한다. 그러면 런천 테크닉의 효과가 더욱 좋아져 당신을 '최고의 직원'이라고 생각하게 될 것이다.

No.44

동료보다 일을 잘하는 사람으로 보이는

클로즈 이펙트 *Close Effect*

"일을 잘할 수 있는지 없는지는 실적이 말해준다."

이 말은 영업파트에서는 당연히 맞는 말이다. 그러나 영업처럼 실적이 확연하게 보이지 않는 부서가 많다. 이런 부서에 근무하는 사람은 어떻게 하면 '일을 잘할 수 있다'라고 자신을 표현할 수 있을까? 적지 않은 고민거리다. 이런 경우 어떻게 동료와의 차이를 극복해나가면 좋을 것인가?

여기서 소개하고 싶은 것은 '클로즈 이펙트(Close Effect)'이다. 이때 클로즈는 '가깝게 간다'라는 뜻으로, 일을 잘하는 사람들이 하는 방법에 '가깝게 가는' 것을 가리킨다.

"저 친구 일을 꽤 하네. 이번에 그 프로젝트를 맡기면 어떨까?"

이런 말을 들으려면 상사에게 '일 처리가 빠르고, 일을 잘한다'라는 느낌을 주어야 한다. 그러기 위해서는 먼저 '일을 잘한다'라고 생각할 수 있도록 액션을 보여줄 필요가 있다. 일종의 '잘하는 척'이다. 무슨 일이든지 '틀에서 시작된다'라는 말이 있다. 틀에서 시작된다는 의미를 비즈니스에서 활용하는 것이다. 스키장에서 멋진 스키복을 입고 있는 사람은 아직 스키 실력을 보지 못했음에도 '왠지 스키를 잘 탈 것 같다'라는 느낌을 준다. 이것과 마찬가지라고 이해하면 된다.

그러면 구체적으로 어떻게 해서 '일을 잘할 수 있는 것'처럼 보이게 할까? 다음 5가지 방법을 소개한다.

첫째, 메일에 빠르게 답을 한다. 일반적으로 메일에 답장하는 속도와 업무능력은 비례한다고 말한다. 일을 잘하는 사람의 답장은 결론부터 시작한다. 대부분은 '알겠습니다', '곧 조사하겠습니다', '그것은 아직 어렵습니다' 등등 수신인이 즉시 결과를 이해할 수 있도록 답장을 보낸다. 그리고 언제라도 즉시 답장할 수 있도록 메일이 오는 것을 바로 알 수 있게 설정해 놓아야 한다.

둘째, 시간을 지킨다. 비즈니스 세계에서 시간을 지키지 않는 사람이 많다. '5분 정도는 괜찮겠지'라고 가볍게 생각하는 사람도 있겠지만, 시간에 엄격한 것이 비즈니스 세계다. "돈은 잃으면 다시 벌면 되지만, 시간은 두 번 다시 돌아오지 않는다"라는 말 그대로 단 몇 분만 늦어도 나쁜 인상을 주게 된다.

반대로 시간을 너무 빨리 알려줘서 실제로 30분이나 1시간 후에 일을 시작하는 경우도 있는데, 이런 패턴도 매우 나쁜 인상을 주게 된다. 상대방은 '왜 이렇게 일찍 불렀어? 5분 전에 도착하면 되는데'라고 생각하는 등 시간을 헛되게 낭비했다고 생각한다. 특히 시간에 엄격하기 때문에 시간이 헛되지 않도록 주의해서 상대방의 시간도 소중히 생각하는 자세를 유지해야 한다.

셋째, 메모를 한다. 메모하는 습관은 일 잘하는 사람들이 중요하게 생각하는 행동이기 때문에 당연히 지켜야 한다. 머리가 좋아서 메모할 필요가 없다고 하는 사람도 가끔 있다. 그다지 좋은 행동은 아니다. 철저하게 메모하는 자세는 윗사람에게 좋은 평가를 받는다. 신뢰할 수 있는 사람이라고 인식하기 때문이다.

넷째, 생각하고 나서 발언한다. 무슨 일이든지 먼저 생각하고 나서 이야기를 시작하는 사람은 '사려 깊은 사람'으로 비친다. 그리고 어떤 내용이라도 감정을 개입시키지 않고 냉정하고 담담하게 이야기함으로써 일에 대한 능력도 있다는 인상을 줄 수 있다. 반사적으로 말을 받아치는 것은 좋지 않다. 만약 미팅에서 발언하는 경우라면 되도록 최후에 발언하도록 하자. 그렇게 함으로써 보다 좋은 인상을 심어줄 수 있다.

다섯째, 상사에게 상담한다. 상사는 상담해주는 것을 매우 좋아한다. 자기승인 욕구도 채울 수 있을 뿐만 아니라 상담을 청하는 부하직원을 싫어하지 않는다. 그러나 이 '상담의 방법'은 자칫 네거티브한 상황으로 흐를 수 있기 때문에 주의해야 한다. 일단 상담할 때는 반드시 먼저 결론을 내놓고 시작하라.

"이런 조건인데, 어떻게 하면 좋을까요?"

막연한 질문에 대해서 상사는 어떤 어드바이스를 해줘야 좋은지를 알 수가 없다. 그러면 즉시 '일을 못하는 사람'으로 낙인찍힌다.

"이 안건에 대한 상담을 시작할 단계에서는 이런 가격이었지만, 저쪽 회사가 가격을 조정하는 협의를 진행하면서 이 가격을 제시했습니다. 저희로서는 여기까지가 타협점이라고 생각하는데, 어떻게 생각하십니까?"

이렇게 상담한다면 상사가 어느 지점에서 어드바이스를 하면 좋을지가 명확해진다. 상사에게 '일을 시키면 안 될 사람'이라는 부정적 기분이 들지 않도록 해야 한다.

이처럼 일을 잘할 수 있다고 생각되는 패턴을 몸에 익히다 보면 정말로 일을 잘하게 될 것이다. 당신의 미래를 위해서 꼭 실천하기를 권한다.

라이벌의 고객을
합법적으로 빼앗아오는

굿 랜드 Good Land 법칙

어느 분야에서든지 고객을 빼앗는 경쟁은 존재한다.

비즈니스이기 때문에 어쩔 수 없는 일이지만, 같은 회사에서 더구나 같은 부서의 동료와도 이런 경쟁을 해야 한다. 특히 영업직이라면 겉으로는 드러나지 않아도 이런 싸움이 수면 아래서 곧잘 일어나는 일이다. 더구나 이것이 100% 수당 조건으로 일하는 경우라면 그야말로 진흙탕 싸움이 시작된다.

이렇게 싸움이 되는 데는 이유가 있다. 영업 방법이 냉혹할 수밖에 없는 현실 때문이다. 동료의 고객인 줄 뻔히 알면서도 접근하여 '전혀 모른다'라는 표정으로 계약을 체결해버리는 것이다. 이런 경우 싸움으로 번지지 않을 수 없다.

하지만 적법한 방법으로 동료의 고객을 빼앗는 방법이 있다. 합법적일 뿐만 아니라 동료로부터 감사하다는 말까지 들을 수 있는 방법이다. 바로 '굿 랜드(Good Land) 법칙'이다. '남의 떡이 더 커 보인다'라는 속담이 있다. **굿 랜드 법칙은 마치 '더 좋은 고객이 있어요'라는 착각을 유도하는 방법이다. 이 방법에서는 반드시 2가지를 이행해야 한다. '동료에 대한 꼬임'과 '동료의 기존 고객에 대한 준비작업'이다.**

먼저 동료에 대한 꼬임에 대해서 이야기해보자. 굿 랜드의 '좋은 땅'이라는 말 그대로 '좋은 고객'이 있다고 생각하도록 철저하게 꾀는 것이다.

"허균상사에 제작부 P부장님 알지?"

"알지. 그런데 그 사람이 왜?"

"사실은 그분이 자네 일하는 걸 마음에 들어 하는 것 같더라고."

"그래? 잠깐 이야기를 한 적은 있지만, 업무적으로 연락한 적은 없는데."

"아, 그분하고 만나서 한번 이야기해 보라는 뜻에서 물어본 거야. 마침 내가 그분하고 좀 아는 사이라서 자네 이야기를 했거든. 계약이 이루어지면 엄청난 일이지. 한번 만나 볼래?"

"아, 그래? 응, 고마워."

"자네가 한다면 P부장님이 좋아할 거야. 그 대신 내 고객이 하나 줄어드는 거니까, 자네 고객사 중에서 심청상사 건을 나에게 넘겨줘. 허균상사에 비해서 실적이 미미하니까 손해는 없을 거야. 자네 쪽도 이득이 되니까 상관없겠지?"

이렇게 고객 회사를 교환하는 것은 특별히 신기한 이야기도 아니다. 그런데 여기에는 계획된 계략이 숨어 있다. 동료에게 소개하려는 허균상사의 P부장에게 어떤 이야기를 했는지 알아보자.

"부장님, 아직 급할 것 없지만 이 안건에 대하여 검토해 주세요. 우리 회사에 제 동료가 있는데, 임원들에게 제법 일을 잘한다고 인정받는 사람입니다. 얼마 전에 동료에게 이 안건에 대해서 부장님께 말씀드렸다고 이미 알려줬습니다. 지금 당장 성사되지 않더라도 장기적으로 협의하면 좋겠다고 말했으니까, 다음에 직접 부장님께 연락드리라고 말해도 괜찮겠지요?"

사실 이런 포석은 더 이상 허균상사와는 업무가 잘 진행되지 않을 것으로 판단해서 동료에게 슬쩍 넘긴다는 뜻이다. 그럼에도 불구하고 동료가 '엄청난 일'이라고 느끼도록 한 것이다. 동료에게 미지의 '엄청난 사업상의 일'이 있다는 대화를 나눈 것만으로 충분하다. 이후에 동료가 허균상사와 일을 성사시키지 못하게 되더라도 그것은 자신의 역량이 충분하지 않다고 생각할 것이다.

이렇게 서로를 연결시키는 것만으로 마치 일을 발전시키려고 진력을 다해 애쓰는 모습으로 보임으로써 상대의 기존고객을

내가 너 생각해서 네게 딱 맞는
고객을 소개시켜주려 하는데 말이야…

그래? 어쩜 나하고 같은 생각을!
우린 정말 환상의 콤비인가 봐~

Ho Ho~

Ha Ha~

적법한 방법으로 빼앗아오는 방법이 굿 랜드 법칙이다.

성취욕이 넘치는 동료로서는 더 이상 원할 게 없는 말이다. 그리고 실제로 허균상사 부장에게 거래를 처음부터 밀어붙이지는 않는다. 시작단계에서는 확실하게 신뢰 관계를 구축해야 한다고 생각하기 때문에, 갑자기 비즈니스를 바로 들어가는 경우는 거의 없다. 그 사이에 동료에게 넘겨받은 기존고객과 계약을 체결함으로써 내 실적을 높이는 영업을 하면 된다.

본래 허균상사의 일은 처음부터 결정되어 있는 일이 아니라고 분명히 말해주었다. 만약 동료가 자신의 힘으로 개척하여 운 좋게 성사시키면 오히려 동료로부터 감사 인사를 받을 것이다. 또는 성사되지 않더라도 동료는 자기의 역량이 부족하다고 느끼기 때문에 당신을 원망하는 일은 없다. 당신은 자기 고객을 기꺼이 넘겨준 '친절한' 동료이기 때문이다.

"아니야, 고마워하지 않아도 돼. 어려울 때는 서로…, 지금부터라도 함께 분발하자! 또 자네에게 소개할 고객이 있으면 알려줄게. 응, 자네도 부탁해."

지극히 선한 얼굴을 하면서 이 테크닉을 시도하다 보면 점점 고객이 늘어나서 웃음이 그치지 않게 될 것이다.

No.46

동료가 가진 '비밀 정보'를
토해내게 하는

푸시 앤 풀 *Push & Pull* 화법

상사에게서 받은 정보를 자신만의 것으로 만들려고 하는 동료
가 있다.

다른 사람보다 한 발 앞서 나가고 싶어 하는 타입 중에 이런
사람이 많다. 통상적으로는 부서 내에서 공유해야 할 정보임에
도 우선 자기만의 실적을 위해서 공유하지 않는다. 그리고 자신
에게만 유리하도록 이용하는 교활한 사람이 어디서나 존재한다.

이런 사람들은 언제나 이런 말로써 시치미를 뗀다.

"부장님으로부터 그 안건에 대하여 무언가 들은 거 있어?"

"아직 아무것도 몰라. 무엇인가 진전이 있었다면 가르쳐줘."

이때 필요한 테크닉이 '푸시 앤 풀(Push & Pull) 화법'이다. 푸

시와 풀은 종종 마케팅 용어에서 등장하는 것을 들어본 사람도 많을 것이다. '풀'은 간단하게 말하면, '상대가 필요하다고 느끼고 있을 때 판매한다'라는 것이다. 이를테면 웨딩 서비스 같은 것이 그 전형이다. 웨딩서비스는 아무리 권유한다고 해도 본래 결혼할 마음이 없으면 판매할 수가 없다. 그 대신에 타이밍이 잘 맞아서 그 사람의 수요에 맞추면 큰 노력을 기울이지 않아도 자연스럽게 판매로 이어진다.

한편 '푸시'는 이쪽에서 적극적으로 움직여서 상대에게 판매하는 행동방식이다. 예를 들면 다이어트 효소 음료를 판매할 경우, 비록 상대가 특별히 구입할 필요를 느끼지 못하고 있을 때라도 "이렇게 몸에 좋아요", "이렇게 효과가 있어요"라고 설명함으로써 구입하고 싶은 마음이 들도록 하는 것이다. 이런 점에서는 풀 방식보다 다소 힘든 방법이라고 생각하겠지만, 반대로 말하자면 풀 방식처럼 타이밍이 맞지 않아서 판매할 수 없는 것이 아니기 때문에 노력과 테크닉이 있으면 풀 방식보다 성과를 높일 수 있다.

푸시와 풀에 대해 이해했다면, 어떻게 해서 '동료에게 비밀 정보를 공유하도록 할 것인가?'를 알아보자.

먼저 푸시 전략이다.

"부장님에게 이 안건에 대해 무언가 들은 게 있어?"

"아니, 아직 아무것도 몰라. 무엇인가 진전이 있으면 가르쳐줘."

"다르네. 사실은 그것에 대해서 사장님으로부터 '진행 상태가 이상하다'라는 말을 직접 들었어. 내가 사장님께 들은 이야기와 당신이 부장에게 들은 이야기가 아무래도 다른 것 같아. 진행이 이상하다고 말씀하시는 사장님 기분이 나쁜 것 같더라고. 그쪽은 어떻게 들었어?"

"그래? 사실은… 부장님으로부터는….”

이 정도면 이해할 수 있을 것이다. 동료는 자기가 들어서 알고 있는 것이 잘못된 것이고, 당신이 올바르게 알고 있을지도 모른다는 생각을 한다. 그래서 그 내용을 말하도록 하는 것이 중요하다. 물론 사장님 이야기는 만들어낸 것으로 이른바 허세를 부리는 것이다. 그러나 동료의 머릿속에는 '내가 알고 있는 내용이 잘못된 내용일 수도 있다'라는 생각이 파고든다. 그렇기 때문에 오히려 내용을 확인하고 싶은 마음에서 자기가 알고 있는 정보를 말하는 것이다. 동료가 이야기를 끝내면 이렇게 마무리하면 된다.

"아~ 그렇구나. 사장님이 말씀하신 것과 똑같네. 그렇다면 일단 안심이야.”

다음은 풀 전략이다.

"부장님에게 이 안건에 대해 무언가 들은 게 있어?"

"아니, 아직 아무것도 몰라. 무엇인가 진전이 있으면 가르쳐줘.”

"그렇구나. 사실은 그 안건에 대해서 이미 별도의 다른 기안이 나왔다는 거 알고 있어?"

"별도의 다른 기안이라고? 그런 건 들은 적이 없는데…."

"그래? 그럼, 미안. 쓸데없는 말을 한 거 같아서."

"아냐. 그렇지 않아. 그 별도의 기안은 뭐야? 내게도 공유해줘."

"알았어. 우선 그쪽은 어떻게 들었어?"

이번에는 모르는 정보를 마치 있는 것처럼 흘리면서 상대가 궁금하여 뭔지 알아내려고 접근하게 만들어보자. 이것도 이야기를 들은 후 "뭐야? 별도의 기안이라고 하더니 그게 바로 이거야?"라고 말하면 된다.

푸시 전략이든 풀 전략이든 당신이 사용하기 쉬운 것을 사용하면 좋을 것이다. 더구나 이 화술은 다양한 상황에서 사용할 수 있으므로 꼭 활용해보기 바란다. 익숙해지면 그 누구도 당신을 속이는 일은 불가능하다.

하는 일은 좋지만
인간관계는 귀찮아

초판 1쇄 인쇄 2020년 01월 02일
초판 1쇄 발행 2020년 01월 09일

지은이 | 로미오 로드리게스 주니어
옮긴이 | 조동림
펴낸이 | 임종관
펴낸곳 | 미래북
편   집 | 정광희
본문 디자인 | 디자인 [연:우]
등록 | 제 302-2003-000026호
본사 | 서울특별시 용산구 효창원로 64길 43-6 (효창동 4층)
영업부 | 경기도 고양시 덕양구 화정로 65 한화오벨리스크 1901호
전화 02)738-1227(대) | 팩스 02)738-1228
이메일 miraebook@hotmail.com

ISBN 979-11-88794-57-7 (03320)